Carola Ralumi

Abnehmen mit Mahlzeitenersatz

Carola Ralumi

Abnehmen mit Mahlzeitenersatz

Das ideale Begleitprogramm für alle Diätpulver wie Almased®, Layenberger® Fit+Feelgood, Slimfast®, Yokebe® oder Multaben®

riva

Bibliografische Information der Deutschen Nationalbibliothek:
Die Deutsche Nationalbibliothek verzeichnet diese Publikation in der Deutschen Nationalbibliografie; detaillierte bibliografische Daten sind im Internet über http://d-nb.de abrufbar.

Für Fragen und Anregungen:
info@rivaverlag.de

Originalausgabe
1. Auflage 2018

Nymphenburger Straße 86
D-80636 München
Tel.: 089 651285-0
Fax: 089 652096

Wichtiger Hinweis:
Sämtliche Inhalte dieses Buchs wurden – auf Basis von Quellen, die die Autorin und der Verlag für vertrauenswürdig erachten – nach bestem Wissen und Gewissen recherchiert und sorgfältig geprüft. Trotzdem stellt dieses Buch keinen Ersatz für eine individuelle Ernährungsberatung und medizinische Beratung dar. Wenn Sie medizinischen Rat einholen wollen, konsultieren Sie bitte einen qualifizierten Arzt. Der Verlag und die Autorin haften für keine nachteiligen Auswirkungen, die in einem direkten oder indirekten Zusammenhang mit den Informationen stehen, die in diesem Buch enthalten sind.
Almased®, Layenberger® Fit+Feelgood, Slimfast®, Yokebe® oder Multaben® sind eingetragene Warenzeichen. Es besteht keine Kooperation mit den Markeninhabern, sondern es handelt sich um einen unabhängig recherchierten Ratgeber.

Redaktion: Matthias Michel
Umschlaggestaltung: Maria Wittek
Umschlagabbildungen: iStock, Shutterstock
Abbildungen im Innenteil: Shutterstock: S. 21, 22, 23, 24, 33, 51, 59, 63, 77, 79, 90, 100, 102, 107, 110, 112, 113, 115, 121, 123, 126, 128, 129, 133, 143 und 150
Fotolia: S. 20, 22, 24, 40, 62, 75, 95, 130, 136, 138 und 141
iStock: S. 17, 20, 26, 28, 30, 34, 36, 38, 42, 44, 47, 49, 52, 54, 57, 58, 61, 64, 68, 72, 74, 85, 87, 88, 92, 94, 97, 104, 108, 109, 117, 119, 125, 144, 148, 151, 152 und 153
Satz: Daniel Förster, Belgern
Druck: Florjancic Tisk d.o.o., Slowenien
Printed in the EU

ISBN Print: 978-3-7423-0523-7
ISBN E-Book (PDF): 978-3-7453-0075-8
ISBN E-Book (EPUB, Mobi): 978-3-7453-0076-5

INHALT

ABNEHMEN MIT PROGRAMM

Was ist eine Formula-Diät?

Als Formula-Diät wird eine Methode zum Abnehmen bezeichnet, bei der eine oder mehrere Mahlzeiten durch Nährstoffpulver ersetzt werden. Zusätzlich zu den Pulvern gibt es je nach Hersteller auch fix fertige Shakes und Snack-Riegel. Sie alle werden kontrolliert durch die Deutsche Diätverordnung, die maximal 400 kcal pro Mahlzeit erlaubt sowie vorschreibt, dass die Empfehlungen der Deutschen Gesellschaft für Ernährung einzuhalten sind. Die zugefügten Vitamine und Mineralstoffe sollen den Stoffwechsel aktivieren und sicherstellen, dass der Organismus ausreichend mit Nährstoffen versorgt ist. Der hohe Eiweißanteil sorgt dafür, dass der Hunger ausbleibt und die Muskelmasse nicht schrumpft.

Wie hilft ein Diätpulver beim Abnehmen?

Egal um welches Pulver es sich handelt, ob Almased®, Layenberger® Fit+ Feelgood, Slimfast®, Yokebe®, Multaben® oder ein anderes Produkt: Es werden ganze Mahlzeiten durch ein Eiweißgetränk ersetzt. Meist wird empfohlen, einige Esslöffel Diätpulver mit 200 ml Wasser oder fettarmer Milch anzurühren und wegen der essentiellen Fettsäuren unbedingt noch 2 Teelöffel Öl dazuzugeben. Auf Seite 17–18 finden Sie Anregungen, wie Sie Ihre Diät-Drinks abwechslungsreicher gestalten können.

Wenn Sie eine oder mehrere Mahlzeiten pro Tag auf diese Weise ersetzen, reduzieren Sie natürlich Ihre tägliche Menge an Kalorien erheblich und werden abnehmen. Und zwar umso schneller und nachhaltiger, wenn Sie bei den normalen Mahlzeiten auf eine ausgewogene und frische Ernährung achten. Dabei wird Ihnen unser umfangreicher Rezeptteil viele Anregungen geben.

Warum Proteine beim Abnehmen helfen

Eiweiß (Protein) ist der Treibstoff, der unsere Muskeln am Laufen hält. Dieses Eiweiß besteht aus Aminosäuren, wovon neun »essentiell« sind, also lebenswichtig. Diese kann unser Körper – im Gegensatz zu den übrigen 13 Aminosäuren – nicht selbst herstellen. Sie müssen mit der Nahrung zugeführt werden. Geschieht das nicht, greift der Körper auf seine eigenen Proteinvorräte zurück. Und die sind in den Muskeln. Wenn Sie also hochwertiges Eiweiß zu sich nehmen, beugen Sie dem Muskelabbau während einer Diät vor. Deshalb haben wir im Rezeptteil auch viel eiweißreichen Fisch eingebaut, und im Kapitel für Mittagsmahlzeiten widmet sich ein eigener Abschnitt den Hülsenfrüchten, denn Linsen, Bohnen und Co. enthalten wertvolles pflanzliches Eiweiß.

Proteine sättigen schneller und halten länger vor, denn sie gelangen vom Magen aus langsamer in den Darm. So fällt es leichter, Versuchungen zu widerstehen. Und: Wenn wir mit Kohlenhydrathaltigem (Brot, Teigwaren, Reis) reichlich Proteine kombinieren, wird die Aufnahme des darin enthaltenen Zuckers verlangsamt und die fatalen Heißhungerattacken bleiben aus.

Wenn Sie beim Abnehmen darauf achten, genügend Eiweiß aufzunehmen, beugen Sie Stimmungsschwankungen und schlechter Laune vor. Denn auch Ihre Psyche und Ihre Gefühle werden von den kleinen Eiweißbausteinen, den Aminosäuren, beeinflusst. Ohne Aminosäuren keine Neurotransmitter, keine Glückshormone!

Außerdem ist da auch noch der sogenannte »thermische Effekt«. Dieser Begriff bezieht sich auf die Energie, die wir zur Verdauung der aufgenommenen Nahrung benötigen. Proteine besitzen einen höheren thermischen Effekt im Vergleich zu Kohlenhydraten und Fetten, so dass wir bei der Verdauung von proteinhaltigen Lebensmitteln mehr Energie verbrennen.

Gerade als Abendmahlzeit zünden Proteine einen Super-Turbo, denn die Produktion von Somatropin oder HGH (Human Growth Hormone = menschliches Wachstumshormon) wird angeregt. Dieses Hormon fördert einen erholsamen Schlaf, bremst die Zellalterung und sorgt für eine gesteigerte Fettverbrennung. Man kann Proteine also tatsächlich als »Schlankheitsnährstoff« bezeichnen.
Dieser Erkenntnis haben wir Rechnung getragen: Im Rezeptteil finden Sie im Kapitel für Abendmahlzeiten viele Gerichte ohne bzw. mit nur sehr wenigen Kohlenhydraten.

Die besten Eiweißlieferanten

	pro 100 g		pro 100 g
Fisch			
Flusskrebs	15	Leinsamen	29
Forelle	20	Mandeln	19
Garnelen	19	Sesamsamen	21
Heilbutt	20	Walnusskerne	15
Lachs	20	**Hülsenfrüchte**	
Lachs, geräuchert	29	Bohnen, getrocknet	21
Rotbarsch	18	Kichererbsen	19
Thunfisch	21	Linsen	24
Fleisch		Mungobohnen	23
Hähnchenbrust	20	**Käse**	
Putenbrust	19	Appenzeller (50 % Fett)	25
Rinderfilet	21	Bergkäse (45 % Fett)	29
Schweinefilet	22	Feta	17
Nüsse und Samen		Frischkäse (20 % Fett)	13
Cashewkerne	17	Harzer	30
Erdnüsse	26	Mozzarella	19

Für Erwachsene empfiehlt die Deutsche Gesellschaft für Ernährung (DGE) die tägliche Aufnahme von 0,8 g Protein pro Kilogramm Körpergewicht.

Warum brauchen wir hochwertiges Öl?

Die meisten Formula-Diäten empfehlen, 2–3 Teelöffel Raps-, Soja- oder Walnussöl in den Drink zu rühren. Das sichert Ihnen an Tagen, an denen Sie zum ganz schnellen Abnehmen nur Drinks zu sich nehmen, die Versorgung mit essentiellen Fettsäuren. Auf diese sollen und dürfen Sie nicht verzichten, nur um ein paar weitere Kalorien einzusparen, denn Ihr Körper kann sie nicht selbst herstellen.
Am Wichtigsten sind die Omega-3-Fettsäuren (enthalten in Fischen, Leinöl, Soja-, Raps- und Walnussöl) und die Omega-6-Fettsäuren (enthalten in Pflanzenölen, Milchprodukten und Fleisch). Fehlen dem Körper diese Fettsäuren, werden wir anfälliger für Infektionen, und es drohen Arteriosklerose und koronare Herzkrankheiten.
Das Verhältnis von Omega-6 zu Omega-3 sollte etwa 5:1 betragen. Tatsächlich nehmen wir im Durchschnitt aber zu viel Omega-6 zu uns (vor allem bei hohem Fleischkonsum), während wir einen Mangel an Omega-3-Fettsäuren haben.
In unseren Rezepten kochen wir daher oft mit Rapsöl, verwenden Nussöl für Salate, fügen manchen Gerichten Nüsse und Leinsamen zu. Mit den Fischen in den Rezepten für Mittags- und Abendmahlzeiten sind Sie auf der sicheren Seite. Sie enthalten die wertvollen Proteine und die Fettsäuren, die unser Körper benötigt!

Muss man sich vor Kohlenhydraten hüten?

Nein, keineswegs, denn Kohlenhydrate liefern dem Körper die Energie, die er für Stoffwechsel und Leistung – körperliche wie geistige – braucht. Also bitte die Kohlenhydrate nicht gleich ganz verteufeln – denn es kommt darauf an, welche Kohlenhydrate wir zu uns nehmen.
Dazu sollte man wissen: Alle Arten von Kohlenhydraten wie Stärke aus Brot, Teigwaren und Kartoffeln, Fruchtzucker aus Obst und Milchzucker

in Milchprodukten werden im Darm letztendlich in Glukose zerlegt – also entsteht wieder Zucker, reiner Zucker. Der gelangt über das Blut in die sogenannten Glykogenspeicher in Leber, Muskulatur und Gehirn. Sind diese Speicher voll und ist immer noch Glukose im Blut, sorgt das Insulin aus der Bauchspeicheldrüse dafür, dass es in Fett umgewandelt und im Fettgewebe gelagert wird.
Nun gibt es Kohlenhydrate, die schneller in Glukose umgewandelt werden, und solche, bei denen das nach und nach geschieht. Dabei handelt es sich in erster Linie um komplexe Kohlenhydrate. Komplex deshalb, weil sie aus langkettigen Verbindungen bestehen, die im Darm zunächst zerlegt werden müssen. Das betrifft alle Vollkornprodukte, die meisten Gemüse und Hülsenfrüchte.
Als Faustregel können Sie sich merken: Je süßer etwas schmeckt, desto einfacher ist die Zuckerverbindung und desto schneller gelangt der Zucker ins Blut und vermutlich als Fett an die Hüften.

Die Hormone Insulin und Leptin

Das Hormon Insulin, das in der Bauchspeicheldrüse gebildet wird, kontrolliert den Blutzuckerspiegel. Insulin sorgt dafür, dass die Körperzellen mit Glukose versorgt werden. Es ist sozusagen der Türöffner, mit dem die Zellen aufgeschlossen werden, damit der Treibstoff hinein kann.
Andererseits ist Insulin aber schuld an der Achterbahnfahrt zwischen Sättigung und schneller Rückkehr des Hungergefühls. Ist ein Übermaß an Glukose im Blut (siehe oben), beschleunigt Insulin die Einlagerung von Glukose in den Zellen, unterstützt den Aufbau von Fett und verschlechtert die Blutfettwerte wie z. B. den Cholesterinspiegel.
Wenn ein hoher Blutzuckerspiegel also das Insulin aus der Bauchspeicheldrüse lockt, um den Zucker in die Zellen zu transportieren, heißt das umgekehrt, dass in Zeiten eines niedrigen Insulinspiegels die Zellen zur Energiegewinnung ihr eigenes Fett aufbrauchen müssen.
Und hier kommt das Proteohormon Leptin ins Spiel, das eng mit dem Insulin zusammenarbeitet und unter anderem den Appetit regelt. Leptin ist so etwas wie eine Tankanzeige für die Fettspeicher. Übergewich-

tige Menschen mit einem hohen Fettanteil besitzen einen hohen Leptinspiegel. Nimmt man zu schnell ab, fällt auch der Leptinspiegel schnell und der Körper signalisiert: Hungersnot! Er schaltet auf Sparflamme, das heißt, er kommt mit ganz wenig Kalorien aus. Das ist auch der Grund, warum man nach Crash-Diäten schnell wieder zunimmt. Proteine und Omega-3-Fettsäuren in der Nahrung helfen die Leptinwerte zu erhöhen, wodurch sich dieser Jo-Jo-Effekt in Grenzen hält.

Snacks – nein danke?

Also, Kuchen und Süßigkeiten auf gar keinen Fall! Auch Obst nicht, denn das enthält Zucker pur und ruft sofort das Insulin auf den Plan. Und wenn Insulin im Blut herumschwirrt, passiert nichts in Richtung Fettabbau. Deshalb gilt für Snacks: Alles, nur keine Kohlenhydrate. Da Sie aber auch die Kalorienzufuhr im Auge behalten sollten, haben wir auf Seite 20–24 Vorschläge für Snacks zusammengestellt, die etwa 100 Kalorien enthalten, ohne Kohlenhydrate auskommen und Ihr Hunger- oder Appetitteufelchen bis zur nächsten Mahlzeit hoffentlich in Schach halten.

Was soll ich trinken?

Wasser hilft beim Abnehmen, heißt es. Das gilt ganz sicher, wenn Sie süße Limonaden durch Wasser ersetzen. Als kleine Hungerbremse zwischendurch hilft oft ein Glas Wasser und füllt vor dem Essen den Magen, wodurch sich schneller ein Sättigungsgefühl einstellt. Zusätzlich, so haben Ärzte der Berliner Charité herausgefunden, bringt Wasser den Stoffwechsel auf Trab. Laut Empfehlung der DGE sind aber 1,5 Liter Wasser am Tag ausreichend – es sei denn, Sie treiben intensiv Sport oder es ist extrem heiß. Ansonsten können Sie Tee oder Kaffee trinken, so viel Sie wollen – aber ohne Zucker! Auf Seite 18–20 stellen wir Ihnen außerdem verschiedene Gemüsebrühen vor, die geeignet sind für den kleinen Hunger zwischendurch.

DIE PRAXIS

Manchmal möchte man nur zwei, drei Kilo abnehmen, damit die Hose oder der Rock nicht mehr so stramm sitzt. Dafür haben wir uns den **Figur-Quickie** ausgedacht.
Wenn sich die Pölsterchen schon länger bemerkbar machen und Sie zumindest eine Kleidergröße weniger anstreben, empfehlen wir Ihnen das Programm **Moderat**. Damit nehmen Sie zwar langsamer ab, dafür aber nachhaltiger.
Als Langzeitprogramm für alle, die sich ernsthaft Gedanken über eine Ernährungsumstellung machen müssen, ist das Programm **Langsam, aber sicher** gedacht. Es ist abwechslungsreich und erleichtert so das Durchhalten.

Der Figur-Quickie[1]

- Ziel: 2–3 Kilo
- Dauer: 10 Tage

Beim Figur-Quickie geht es eher streng zu. Aber der Zeitraum von nur 10 Tagen ist überschaubar und Sie sind wahrscheinlich hochmotiviert – da dürfte das Durchhalten kein Problem sein.
Die ersten drei Tage ersetzen Sie alle drei Mahlzeiten durch einen Drink aus Diätpulver. Dann folgen sieben Tage, an denen Sie nur mehr zwei Mahlzeiten ersetzen und sich eine Mahlzeit aus dem Rezeptteil aussuchen können. Achten Sie aber darauf, ein Rezept zu wählen, das mehr Proteine als Kohlenhydrate enthält.

1 Zeichenerklärung:
Anzahl der Tage
Anzahl der Drinks pro Tag
Anzahl der Mahlzeiten pro Tag

Moderat

- Ziel: 4–5 Kilo
- Dauer: 4 Wochen

Bei diesem Programm stellt sich der Anfangserfolg zwar etwas langsamer ein, dafür ist es aber abwechslungsreicher und macht Ihnen das Durchhalten leichter. Schon am zweiten Tag ist eine vernünftige Mahlzeit erlaubt und ab dem vierten Tag können Sie sich zwei Mahlzeiten aus dem Rezeptteil aussuchen.

Langsam, aber sicher

- Ziel: 6 Kilo und mehr
- Dauer: 6–12 Wochen

Dieses Programm soll Ihnen helfen, auch langfristig Ihre Ernährung umzustellen. Sie beginnen mit einem strengen Tag, um Ihren Stoffwechsel einzustellen, und wechseln dann ab zwischen Tagen mit nur einer Mahlzeit und zwei Drinks und Tagen mit zwei Mahlzeiten und einem Drink.

Bei einem so langen Zeitraum wird es wahrscheinlich vorkommen, dass Ihnen der ein oder andere Geburtstag oder einfach die Lust auf ein deftiges Essen dazwischenpfuscht. Keine Sorge: So schlimm sind solche Sünden dann auch wieder nicht. Schieben Sie einfach am nächsten Tag zur Korrektur den Starttag mit drei Drinks ein und machen Sie wie gewohnt weiter.

AUFGEPEPPT

In vielen Internetforen wird kritisiert, dass die Geschmacksrichtungen der Drinks eintönig sind. Gerade wenn man zwei oder drei Shakes am Tag zu sich nimmt, kann das stimmen. Daher haben wir folgend einige Anregungen zusammengestellt, mit denen Sie Ihre Drinks ein bisschen aufpeppen können. Wenn Sie jetzt Angst haben, dadurch die Wirkung des Pulvers zu beeinträchtigen – keine Sorge, wir haben streng darauf geachtet, dass kaum Extrakohlenhydrate dazukommen.

Da Sie ohnehin 2 Teelöffel Öl in die Drinks einrühren sollen, können Sie mit verschiedenen Ölsorten Abwechslung schaffen: Walnussöl, Arganöl, Avocadoöl – sehen Sie sich einfach einmal in Ihrem Supermarkt, Bioladen oder Reformhaus um. Sie finden bestimmt eine Lieblingssorte, die Sie dann auch für Salate verwenden können.

Auch schwarzer Tee, aromatisierte Teesorten und Kräutertees sind eine Option. Aber Achtung: unbedingt kalt verwenden! Hitze zerstört die wichtigen Enzyme, die in den Pulvern enthalten sind.

Am einfachsten ist es, den in 200 ml Wasser oder 200 ml Milch angerührten Drink zum Beispiel mit einem halben Teelöffel Zimt aufzupeppen. Ebenfalls kann das Mark von einer Viertel Vanilleschote (aber wirklich das Mark – kein Tütchen Vanillezucker!) wahre Wunder wirken. Vielleicht wollen Sie ja auch das ein oder andere Backaroma in Ihrem Drink probieren?

Mit ein bisschen mehr Aufwand können Sie Mixgetränke zubereiten. Das dafür verwendete Gemüse oder Obst (nur morgens oder mittags!) gibt einen Geschmacks- und Frischekick.
Pressen Sie zum Beispiel eine Orange oder eine halbe Pampelmuse aus. Das sollte etwa 100 ml Saft ergeben. Füllen Sie den Saft mit 150 ml Wasser auf und mixen Sie das Pulver für den Drink zusammen mit einem neutralen Öl (z. B. Rapsöl) dazu.
Wenn Sie einen Entsafter haben, stehen Ihnen noch viel mehr Möglichkeiten offen.
Gewinnen Sie jeweils 100 ml Saft zum Beispiel aus

- 2 Möhren
- 2 Stängel Sellerie
- 1 Stängel Sellerie + ½ Apfel
- 5–6 Radieschen
- 1 Paprikaschote
- 2 Tomaten

Auch mit Hilfe eines Mixers oder eines Pürierstabs können Sie Ihren Drink verfeinern. Pürieren Sie Kräuter (frisch oder tiefgekühlt) oder ein Stück geschälte und entkernte Gurke ganz fein mit etwas Milch oder Wasser.
Morgens dürfen Sie sich den Drink auch mal mit jeweils 50 g fein pürierter Beeren oder einem Schnitz Wassermelone versüßen.

GEMÜSEBRÜHEN

Eine heiße Brühe beruhigt den knurrenden Magen. Eine heiße Brühe tut auch gut, wenn Sie zum Frieren neigen, was während eines Abnehmprogramms leider oft der Fall ist. Sie können die Brühen auch immer verwenden, wenn im Rezept Gemüsebrühe angegeben ist.

Wenn Sie zu einem Fertigprodukt greifen, wählen Sie besser eines ohne Glutamat oder Hefeextrakt. Sie bekommen es in der Bio-Abteilung Ihres Supermarkts oder im Reformhaus.

Wir stellen Ihnen hier zwei Möglichkeiten vor, wie Sie mit wenig Aufwand eine feine Brühe zubereiten können. Natürlich können Sie auch alles mögliche andere Gemüse verwenden. Nur sollte es nicht sehr stärkehaltig sein. Kartoffeln, Mais, Bohnen oder Erbsen haben also in unserem Kochtopf nichts zu suchen. Gut für Ihre Brühen sind Reste von Gemüse, die beim Kochen unserer Rezepte übrig geblieben sind. Da die Rezepte nur für eine Person berechnet sind, bleiben immer wieder z. B. Mangoldblätter, Selleriestangen oder Kohlblätter übrig. Das alles kann mit ein paar Kräutern und Gewürzen in den Suppentopf!

Klassische Gemüsebrühe

- 1 Bund Suppengrün
- 1 Tomate
- 1 Zwiebel
- 1 Knoblauchzehe
- Öl zum Bestreichen
- 1 TL Pfefferkörner
- 3 Wacholderbeeren
- 1 Lorbeerblatt
- Salz

Möhren und Sellerie schälen, putzen und in grobe Stücke schneiden. Den Lauch längs aufschlitzen, gründlich waschen und putzen. Die Tomate vierteln. Die Zwiebel ungeschält halbieren. Die Knoblauchzehe auf der Arbeitsplatte zerdrücken, z. B. mit der Seite einer Messerklinge, so dass sie aufplatzt.

Die Zwiebel an den Schnittflächen hauchdünn mit Öl bepinseln. In einem großen Topf anbraten, damit sich Röstaromen bilden können. Mit 1,5 Liter kaltem Wasser aufgießen und Gemüse und Gewürze hinzugeben. Einmal aufkochen lassen und zugedeckt bei kleiner Hitze 1 Stunde sanft köcheln lassen.

Durch ein feines Sieb gießen und mit möglichst wenig Salz abschmecken. Wenn Sie die Brühe kräftiger mögen, einfach noch etwas einkochen lassen. In eine Glasflasche abgefüllt hält sich die Brühe im Kühlschrank 3 bis 4 Tage.

Selleriebrühe

- ½ Staudensellerie
- 100 g Knollensellerie
- 2 Tomaten
- 1 Zwiebel
- Öl zum Bestreichen
- je 1 TL weiße Pfefferkörner und Fenchelsaat

Die Selleriestängel waschen, putzen und in Stücke schneiden. Knollensellerie schälen und würfeln. Die Tomaten vierteln. Die Zwiebel ungeschält halbieren und an den Schnittflächen dünn mit Öl bestreichen. Zwiebel in einem großen Topf anrösten, mit 1,5 Liter Wasser aufgießen und das vorbereitete Gemüse sowie die Gewürze dazugeben. Auf kleiner Flamme 1,5 Stunden sanft köcheln lassen.
Durch ein Sieb abgießen und abgekühlt in Glasflaschen füllen.

SNACKS FÜR DEN NOTFALL

Eigentlich sind Snacks zwischendurch nicht vorgesehen, denn wie bereits erläutert wird kein Fett abgebaut, solange Insulin im Blut ist.
Was aber tun, wenn der Hunger quält und keinen anderen Gedanken mehr zulässt? Fragen Sie sich trotzdem: Ist es wirklich Hunger? Oder habe ich nur Appetit auf eine der gewohnten »kleinen Mahlzeiten zwischendurch«?
Zunächst sollten Sie versuchen, Ihren knurrenden Magen mit einem Glas Wasser oder mit einer Tasse heißer Brühe zu besänftigen. Die Brühe darf ein Instantprodukt sein oder – wenn das z. B. auf die Dauer zu langweilig wird – eine selbstgemachte Brühe. Wie Sie Brühen mit verschiedenen

Geschmacksrichtungen leicht auf Vorrat kochen können, erfahren Sie auf Seite 18–20.
Hier haben wir Snacks zusammengestellt, die so gut wie keine Kohlenhydrate enthalten, dafür aber viele Proteine. Trotzdem enthalten sie jeweils nur um die 100 kcal, so dass Sie kein schlechtes Gewissen haben müssen, wenn Sie ab und zu da zugreifen. Kleine Portionen Nüsse können Sie immer bei sich haben und gaaaaanz langsam Stück für Stück genüsslich essen. Das »ganz langsam« gilt auch für die Snacks: Kleine Bissen nehmen, gründlich kauen – und Sie haben das Gefühl, »etwas Richtiges« zu essen.

Sellerie mit Nüssen

- 1 Stängel Staudensellerie (50 g)
- 15 g Erdnüsse

102 kcal, 3 g KH; 7 g F, 5 g E

Roastbeef mit Walnusskernen

- 1 Scheibe Roastbeef (25 g)
- 10 g Walnusskerne

102 kcal, 1 g KH, 7 g F, 7 g E

Roastbeef mit Essiggürkchen

- 2 Scheiben Roastbeef (50 g)

- 2 Essiggürkchen

87 kcal, 4 g KH, 3 g F, 11 g E

Parmaschinken mit Cashewkernen

- 2 Scheiben Parmaschinken (20 g)

- 10 g Cashewkerne

107 kcal, 3 g KH, 7 g F, 7 g E

Bergkäse mit Salatgurke

- 20 g Bergkäse

- 100 g Salatgurke

96 kcal, 2 g KH, 7 g F, 7 g E

Paprika mit Parmesanflocken

- 20 g Parmesanflocken

- 1/2 Paprikaschote (100 g)

97 kcal, 7 g KH, 6 g F, 8 g E

Hüttenkäse mit Haselnüssen

- 2 EL Hüttenkäse (40 g)

- 10 g gehackte Haselnüsse

104 kcal, 2 g KH, 9 g F, 6 g E

Büffel-Mozzarella mit Radieschen

- 30 g Büffel-Mozzarella

- 100 g Radieschen

97 kcal, 3 g KH, 6 g F, 7 g E

Harzer Käse mit Cherry-Tomaten

- 75 g Harzer Käse
- 75 g Cherry-Tomaten

107 kcal, 3 g KH, 0 g F, 24 g E

Putenbrust mit Staudensellerie

- 75 g Putenbrust, geräuchert
- 1 Stängel Staudensellerie (50 g)

86 kcal, 2 g KH, 2 g F, 16 g E

Lachsschinken mit Kürbiskernen

- 30 g Lachsschinken
- 10 g Kürbiskerne

91 kcal, 1 g KH, 6 g F, 7 g E

Die Rezepte

Frühstück

Für viele Menschen ist das Frühstück die wichtigste Mahlzeit des Tages. Wenn Sie auch zu denjenigen gehören, die »ohne« nicht in Schwung kommen, sind die folgenden Rezepte genau das Richtige für Sie. Lassen Sie sich anregen von den kalorienarmen Obst-Shakes und Smoothies, den leckeren belegten Broten und den Omeletts.

Für die Drinks können Sie natürlich je nach Jahreszeit auch andere Obstsorten verwenden.

Bei den Rezepten für die belegten Brote haben wir bewusst auf Wurstwaren verzichtet. Greifen Sie besser zu Räucherlachs und Co., denn Fische sind wichtige Lieferanten für Omega-3-Fettsäuren. Und für eine Scheibe Brot, bestrichen mit etwas Frischkäse und einer Scheibe Putenschinken oder Roastbeef, brauchen Sie doch kein Rezept!

Auch Müsli-Fans kommen auf ihre Kosten. Zwar werden morgens die Kohlenhydrate aus den Haferflocken gut vertragen. Wir sind dennoch sparsam damit umgegangen und haben zusätzlich gerne Nüsse verwendet, die viel Eiweiß und ebenfalls Omega-3-Fettsäuren enthalten.

Kleiner Tipp: Packen Sie von den Frühstücksbroten doch auch mal welche ein und nehmen sie als Mittagessen für unterwegs mit.

Unter dem Rezeptnamen finden Sie Angaben zu den enthaltenen Kilokalorien (kcal), Kohlenhydraten (KH), Fett (F) und Eiweiß (E).

Die Mengenangaben gelten für eine Portion.

Smoothies und Fruchtdrinks

Heidelbeer-Power

- ½ Grapefruit
- 100 g Heidelbeeren
- 125 ml schwarzer Johannisbeerennektar (oder dunkler Traubensaft)
- 3 Eiswürfel
- Süßungsmittel nach Belieben

153 kcal, 33 g KH, 1 g F, 2 g E

Die Grapefruit auspressen. Die Heidelbeeren waschen, verlesen und gut abtropfen lassen.
Grapefruitsaft, Heidelbeeren, die Hälfte des Johannisbeerennektars und die Eiswürfel in den Mixer geben und pürieren, bis sich die Eiswürfel mit der Flüssigkeit verbunden haben.
In ein Glas geben, mit dem restlichen Saft auffüllen und nach Belieben mit Süßungsmittel (siehe Tipp) abschmecken.

Tipp *Zucker zum Süßen sollten Sie gänzlich vermeiden. Jedoch enthalten auch Honig oder Ahornsirup neben gesunden Inhaltsstoffen eine Menge Kohlenhydrate. Die industriellen Süßstoffe sind in letzter Zeit in Verruf geraten - davon lassen wir vorsichtshalber die Finger. Als Alternative bieten sich Stevia an oder Süßungsmittel aus Erythritol, die unter verschiedenen Handelsnamen in Bioläden und Reformhäusern erhältlich sind.*

Melonen-Himbeer-Kefir

- 100 g Wassermelone
- 100 g Himbeeren
- 1 Stängel frische Minze
- 150 ml Kefir
- 2 Eiswürfel
- Süßungsmittel nach Belieben

142 kcal, 19 g KH, 2 g F, 7 g E

Tipp *Der Trick bei Smoothies ist, die Früchte mit Eiswürfeln zusammen zu mixen. Erst durch die feine Verteilung der Eispartikel werden sie so richtig cremig.*

Die Melone schälen, die dunklen Kerne entfernen und das Fruchtfleisch würfeln. Die Himbeeren behutsam waschen und gut abtropfen lassen. 3 Blättchen Minze vom Stiel zupfen.
Kefir, Früchte und Minzeblättchen in den Mixer geben und cremig pürieren. Nach Belieben mit Süßungsmittel abschmecken. In ein Glas füllen und mit der restlichen Minze dekorieren.

Kiwi-Birnen-Milch

- 1 Kiwi
- ½ kleine Birne (eine halbe Nashi-Birne ist vom Steinbeißer mit exotischen Früchten auf Seite 85 übrig)
- 150 ml Buttermilch
- 1 EL Kokosflocken
- Süßungsmittel nach Belieben

230 kcal, 31 g KH, 8 g F, 6 g E

Die Kiwi halbieren und das Fruchtfleisch mit einem Teelöffel aus der Schale lösen. Die Birne schälen, das Kerngehäuse entfernen und das Fruchtfleisch klein schneiden.
Zusammen mit der Buttermilch und den Kokosflocken im Mixer pürieren und nach Belieben mit Süßungsmittel abschmecken.

Kiwi-Gurken-Mix

- 100 g Salatgurke
- 1 Kiwi
- 2 Blätter frisches Basilikum
- 150 ml Sojamilch
- Salz, Pfeffer

125 kcal, 15 g KH, 3 g F, 6 g E

Tipp *Sie können den Drink natürlich auch mit normaler fettarmer Milch zubereiten. Dann muss er aber gleich getrunken werden, denn Kiwis enthalten das eiweißspaltende Enzym Actinidin, das jedes Milchprodukt schnell bitter werden lässt.*

Die Salatgurke schälen und in kleine Würfel schneiden. Die Kiwi halbieren und das Fruchtfleisch mit einem Löffel herauskratzen.
Gurke, Kiwi und Basilikum mit der Sojamilch in den Mixer geben und fein pürieren. Mit Salz und Pfeffer abschmecken und sofort servieren.

Spinat-Orangen-Smoothie

- 50 g frischer junger Spinat (oder TK-Spinat)
- 2 Stängel frisches Basilikum
- 1 Stück Ingwer (haselnussgroß)
- 1 kleine Orange
- Buttermilch, Kefir oder Sojamilch
- Salz

118 kcal, 19 g KH, 1 g F, 7 g E

Den Spinat putzen, waschen und gut trockenschleudern. Basilikumblätter von den Stängeln zupfen. Ingwer schälen und klein würfeln. Die Orange auspressen.
Spinat, Basilikum und Ingwer zusammen mit dem Orangensaft fein pürieren. In ein 250-ml-Glas geben und mit einem Milchprodukt auffüllen. Mit Salz abschmecken.

Tipp *Statt Basilikum schmeckt auch frische Minze oder Zitronenmelisse. Anstelle des Spinats können Sie auch mit Feldsalat mixen.*

Avocado-Kefir

- ½ reife Avocado
- 200 ml Kefir
- 1 EL Zitronensaft
- Salz, Pfeffer

225 kcal, 11 g KH, 15 g F, 9 g E

Das Avocado-Fruchtfleisch aus der Schale lösen (die andere Hälfte können Sie mit dem Kern drinnen und in Alufolie gewickelt 2 bis 3 Tage im Kühlschrank aufbewahren), klein schneiden und zusammen mit dem Kefir fein pürieren. Mit Zitronensaft, Salz und Pfeffer pikant abschmecken.

Brokkoli-Gurken-Milch

- 50 g Brokkoliröschen
- 150 g Salatgurke (ca. 12–15 cm)
- 100 ml fettarme Milch
- 1–2 TL Meerrettich
- Mineralwasser
- Salz, Pfeffer

100 kcal, 11 g KH, 3 g F, 9 g E

Vom Brokkoli 2 Röschen abschneiden. Das Stück Salatgurke schälen und klein schneiden. Mit der Milch und dem Meerrettich fein pürieren. In ein Glas füllen und nach Belieben mit Mineralwasser aufgießen und mit Salz und Pfeffer abschmecken.

Melonen-Smoothie

- ½ Vanilleschote
- 300 g gekühlte Wassermelone
- 1 kleine Banane
- Mineralwasser nach Belieben

190 kcal, 40 g KH, 1 g F, 3 g E

Tipp Wer es gern ein bisschen säuerlicher mag: Eine halbe ausgepresste Zitrone oder Limette geben einen zusätzlichen Vitamin-Kick.

Vanilleschote aufschlitzen und das Mark herauskratzen. Die Wassermelone schälen, die Kerne entfernen und grob hacken. Die Banane schälen und in Scheiben schneiden.
Alle Zutaten im Mixer schaumig pürieren und nach Belieben mit Mineralwasser verdünnen.

Melone-Grapefruit-Drink

- 1 rosa Grapefruit
- 200 g gekühlte Wassermelone
- 1 EL Honig
- Mineralwasser nach Belieben

198 kcal, 46 g KH, 0 g F, 2 g E

Die Grapefruit auspressen. Die Wassermelone schälen, die Kerne entfernen und grob hacken. Zusammen mit dem Honig fein pürieren und nach Belieben mit Mineralwasser verdünnen.

Tipp Dieser Drink schmeckt auch gut, wenn Sie 2-3 EL fettarmen Joghurt oder Buttermilch unterrühren.

Erdbeer-Ananas-Smoothie

- 200 g Erdbeeren
- 1 unbehandelte Orange
- 200 g Ananas
- 2 Eiswürfel

210 kcal, 52 g KH, 1 g F, 3 g E

Die Erdbeeren waschen und die Stiele entfernen. Die Orange heiß waschen und 1 TL Schale abraspeln. Die Frucht auspressen. Die Ananas schälen, evtl. braune »Augen« und den harten Strunk in der Mitte entfernen und das Fruchtfleisch würfeln.

Alle Zutaten im Mixer cremig pürieren.

Erdbeer-Vanille-Milch

- 200 g Erdbeeren
- 2 EL fettarmer Joghurt
- 100 ml fettarme Milch
- ½ Päckchen Bourbon-Vanillezucker

144 kcal, 22 g KH, 3 g F, 6 g E

Tipp *Statt Joghurt darf es auch mal Sahne sein – der Drink geht dann ganz cremig die Kehle runter. Sie kommen dann auf 201 kcal und 11 g Fett.*

Die Erdbeeren waschen und entstielen. Zusammen mit dem Joghurt, der Milch und dem Vanillezucker schaumig pürieren.

Erdbeer-Rhabarber-Smoothie

- 1 Stängel Rhabarber (ca. 100 g geputzt gewogen)
- 200 g Erdbeeren
- ½ Vanilleschote
- Mineralwasser nach Belieben
- Süßungsmittel

86 kcal, 18 g KH, 1 g F, 3 g E

Den Rhabarber waschen, schälen, die Enden abschneiden und die Stangen schräg in etwa 1,5 cm breite Stücke schneiden. In einen kleinen Topf geben, ½ Tasse Wasser dazu gießen und bei milder Hitze 2–3 Minuten köcheln lassen. Auskühlen lassen.
Die Erdbeeren waschen, entstielen und klein schneiden.
Die Vanilleschote aufschlitzen und das Mark herauskratzen. Rhabarberkompott zusammen mit den Erdbeeren und dem Vanillemark pürieren. Nach Belieben mit Mineralwasser auffüllen und süßen.

Tipp *Es ist sinnvoll, gleich eine größere Portion Rhabarberkompott zu kochen und im Kühlschrank aufzubewahren. Sie können es dann z. B. mit Magerquark essen oder mit anderen Früchten pürieren.*

Belegte Brote

Vollkornbrot mit Sprossen

- 50 g Sprossen, z. B. Mungobohnensprossen
- 2 Salatblätter
- Salz, Pfeffer
- 1 EL Apfelessig
- 2 Scheiben Vollkornbrot
- 2 EL Frischkäse
- ½ rote Paprikaschote

246 kcal, 42 g KH, 2 g F, 7 g E,

Info *Sprossen werden mittlerweile im Supermarkt in vielerlei Varianten angeboten. Es gibt sie von Radieschen, Roter Bete, von Kaiserspargel oder als Mix - abgepackt als Duo oder Trio.*

Die Sprossen und die Salatblätter waschen und gut trockenschleudern. Salz, Pfeffer und Essig verrühren und die Sprossen darin marinieren.

Die Brotscheiben mit dem Frischkäse bestreichen und mit den Salatblättern belegen. Die Paprikaschote waschen, putzen und in Streifen schneiden. (Die restliche Paprikaschote kann z. B. für die Penne mit Riesengarnelen, Seite 88, verwendet werden.)

Paprikastreifen und Sprossen auf den Broten verteilen und nach Belieben mit Pfeffer würzen.

Varianten *Statt der Sprossen können Sie mal auch je Brot 2 Radieschen in dünne Scheiben schneiden und im Apfelessig marinieren. Wer gerne würzig und schärfer isst, nimmt 2 Stängel Frühlingszwiebeln, die mit viel Grün in Ringe geschnitten werden. Schnittlauchröllchen oder fein gehackte Petersilie passt zu allen Varianten obenauf. Machen Sie sich keine Gedanken wegen der Kalorien: Das alles ist so kalorienarm, dass Sie viel davon essen können, ohne dass es ins Gewicht fällt.*

Pumpernickel mit Apfelkresse

- 1 Kästchen Kresse
- 1 kleiner Apfel
- 1 EL Zitronensaft
- 2 EL Hüttenkäse (körniger Frischkäse, 10 % Fett i. d. Tr.)
- Salz, Pfeffer
- 2 Scheiben Pumpernickel

289 kcal, 48 g KH, 4 g F, 12 g E

Die Kresse behutsam mit kaltem Wasser abbrausen, gut trockenschütteln und mit einer Schere abschneiden.
Den Apfel schälen und das Fruchtfleisch in kleine Würfel schneiden. Gleich mit Zitronensaft beträufeln. 1 EL Kresse zur Dekoration beiseitelegen. Restliche Kresse und Apfelwürfel mit dem Hüttenkäse verrühren und mit Salz und Pfeffer würzen.
Die Brote mit der Apfelkresse bestreichen und mit den Blättchen dekoriert servieren.

Räucherlachs mit Ei auf Graubrot

- 1 hartgekochtes Ei
- 1 Scheibe Graubrot (ca. 50 g)
- 1 EL fettarmer Frischkäse (1 % Fett i. d. Tr.)
- 50 g geräucherter Lachs
- etwas Zitronensaft
- Pfeffer aus der Mühle
- 1 Stängel Petersilie

284 kcal, 24 g KH, 11 g F, 23 g E

Das Ei schälen und in Scheiben schneiden. Das Brot mit dem Frischkäse bestreichen und mit den Eiern und dem Lachs belegen. Mit Zitronensaft beträufeln und mit Pfeffer aus der Mühle würzen. Die Petersilie waschen, gut trockenschütteln, die Blättchen abzupfen und über das Lachsbrot streuen.

Tipp *Wenn Sie das Graubrot durch 2 Scheiben Knäckebrot ersetzen, kommen Sie auf ziemlich dieselben Kalorien- und Kohlenhydratewerte, haben aber mehr zu beißen.*

Lachscreme auf Roggenbrot

- 1 Ei
- 50 g Salatgurke (etwa 7 cm)
- 50 g Magerquark
- 35 g Seelachsschnitzel (aus dem Glas)
- etwas Zitronensaft
- Salz, Pfeffer
- 2 Scheiben Roggenbrot (ca. 80g)

317 kcal, 38 g KH, 7 g F, 25 g E

Das Ei in 8–10 Minuten hart kochen. In der Zwischenzeit das Gurkenstück schälen, längs halbieren und die Kerne herauskratzen. Das Fruchtfleisch grob raspeln. Mit dem Quark, den Seelachsschnitzeln und dem Zitronensaft verrühren. Mit Salz und Pfeffer abschmecken und das Roggenbrot damit bestreichen.
Das Ei kalt abschrecken, pellen und noch heiß in Scheiben schneiden und auf den Broten verteilen.

Info *Seelachs hat viel weniger Fett als Räucherlachs, nämlich nur etwa 30 g Fett pro 100 g statt etwa 50 g beim Räucherlachs, der dafür aber mehr Eiweiß enthält. Handelsüblich werden Seelachsschnitzel in Gläsern zu 125 g angeboten. Es gibt sie aber auch in kleineren Gläschen zu 75 g. Geöffnete Gläser halten sich im Kühlschrank bis zu zwei Wochen.*

Forellenkaviar auf Pumpernickel-Talern

- 50 g fettarmer Frischkäse (1 % Fett i. d. Tr.)
- etwas Zitronensaft
- Salz, Pfeffer
- ½ Kästchen Kresse
- 4 Scheiben Pumpernickel-Taler (35 g)
- ½ Gläschen Forellenkaviar (50 g Einwaage)

164 kcal, 17 g KH, 4 g F, 13 g E

Den Frischkäse mit Zitronensaft, Salz und Pfeffer pikant abschmecken.
Die Kresse behutsam waschen, gut trockenschütteln und die Blättchen abschneiden.
Die Käsecreme auf die Pumpernickel-Taler streichen und je 1 TL Forellenkaviar darauf setzen.
Mit den Kresseblättchen bestreut servieren.

Info *Der leuchtend orangerote Forellenkaviar wird auch für den griechischen Taramasalat verwendet. Seltener gibt es den ebenso roten Lachskaviar bzw. Ketakaviar, dessen Eier größer sind. Auch die Eier der Forelle müssten korrekt als Rogen bezeichnet werden, da nur die kleinen schwarzen Eier vom Stör Kaviar heißen dürfen.*

Forellencreme mit Ketakaviar

- 1 kleines geräuchertes Forellenfilet (ca. 100 g)
- 1 EL fein gehackte Zitronenmelisse oder Minze
- 1 EL Zitronensaft
- 2 EL Magerquark
- 2 EL saure Sahne
- Pfeffer
- 1 Scheibe Vollkorntoast
- 1 EL Keta- oder Forellenkaviar

281 kcal, 15 g KH, 90 g F, 35 g E

Das Forellenfilet zerpflücken und mit Zitronenmelisse oder Minze und dem Zitronensaft fein pürieren. Den Quark und die saure Sahne unterrühren und mit Pfeffer würzen. Eventuell 1 EL Wasser dazugeben, so dass die Creme schön streichfähig ist. Den Toast mit der Creme bestreichen und den Keta- oder Forellenkaviar obenauf setzen. Nach Belieben mit Melissen- oder Minzeblättchen dekorieren.

Krabbenbrot

- 2 EL Magerquark
- 1 EL fettarmer Joghurt
- Salz, Pfeffer
- einige Blätter Rucola
- 125 g gekochte und geschälte Krabben (aus dem Kühlregal)
- 2 dünne Scheiben dunkles Brot
- 1 EL Schnittlauch in Röllchen

305 kcal, 40 g KH, 2 g F, 31 g E

Tipp *Sie können die Creme auch mit Ricotta zubereiten und - sofern Sie vormittags keinen Termin haben - eine kleine Knoblauchzehe dazu pressen. Ricotta ist eine schöne italienische fettarme Alternative zu Frischkäse.*

Den Quark, den Joghurt, Salz und Pfeffer zu einer glatten Creme verrühren. Die Rucolablätter waschen, gut trockenschütteln und in Streifen schneiden. Die Quarkmischung auf die Brote streichen, Rucola und Krabben darauflegen und mit Schnittlauch bestreut servieren.

Joghurt, Quark und Co.

Joghurt mit Johannisbeeren

- 1 EL Haferflocken
- 1 EL Leinsamen
- 100 g rote, schwarze oder weiße Johannisbeeren
- 150 ml fettarmer Joghurt
- 1 EL Honig

242 kcal, 28 g KH, 6 g F, 12 g E

Die Haferflocken und Leinsamen in einer beschichteten Pfanne ohne Fett goldbraun rösten und beiseitestellen.
Die Johannisbeeren waschen, gut abtropfen lassen und von den Stielen zupfen. Ein paar Beeren zur Dekoration beiseitelegen. Die restlichen Beeren mit einer Gabel leicht zerdrücken.
Den Joghurt mit dem Honig, den Haferflocken und den Leinsamen verrühren, die zerdrückten Beeren unter den Joghurt heben.
In eine kleine Schüssel oder in ein Glas geben und mit den restlichen Beeren dekorieren.

Info *Klein, sauer - aber oho! Johannisbeeren sind echte Vitamin-C-Bomben. Die schwarzen mit 200 mg Vitamin C pro 100 g noch mehr als die roten (40 mg pro 100 g). Außerdem sind sie reich an Betacarotin. Schon 100 g Johannisbeeren decken ein Viertel des Tagesbedarfs, von den roten müssten Sie viermal so viel essen.*

Mangojoghurt mit Cashewkernen

- ½ reife Mango
- 1 TL Honig
- 100 g fettarmer Joghurt
- 1 EL Cashewkerne

244 kcal, 39 g KH, 6 g F, 8 g E

Variante *Wenn Sie noch zusätzlich 2 EL Cornflakes drüberstreuen - aber nehmen Sie eine zuckerfreie Sorte! -, wird aus dem leichten Mangojoghurt ein leckeres Knusper-Frühstück.*

Die Hälfte der Mango schälen (die andere Hälfte hält sich in Frischhaltefolie gewickelt 1–2 Tage im Gemüsefach des Kühlschranks) und das Fruchtfleisch in Spalten vom harten Kern schneiden. Die Hälfte des Fruchtfleischs mit dem Honig und dem Joghurt pürieren.
Das übrige Fruchtfleisch in Würfel schneiden und unter den Joghurt mischen. Die Cashewkerne hacken, nach Belieben in einer beschichteten Pfanne ohne Fett rösten und drüberstreuen.

Melonenjoghurt mit Reisflocken

- 3 getrocknete Aprikosen (ungeschwefelt)
- 2 EL Reisflocken
- 75 ml fettarme Milch
- 2 Spalten Galia- oder Honigmelone
- 1 EL Honig
- 150 g fettarmer Joghurt
- 1 TL gehackte Pistazien

284 kcal, 42 g KH, 6 g F, 14 g E

Die Aprikosen in kleine Würfel schneiden und mit den Reisflocken vermischen. Mit der Milch übergießen und 10 Min. quellen lassen.
Die Melone schälen und in etwa 1 cm große Würfel schneiden. Mit der Aprikosen-Reisflocken-Milch, dem Honig und dem Joghurt vermischen. In eine Schüssel geben und mit den Pistazien bestreut servieren.

Apfelquark mit Beeren

- 1 EL Haferflocken
- 1 EL Leinsamen
- 1 kleiner Apfel
- 100 g Magerquark
- 1 EL Honig
- 1 EL ungeschwefelte Rosinen
- 150 g Beeren, z. B. Erdbeeren, Himbeeren, Brombeeren oder Heidelbeeren

278 kcal, 39 g KH, 4 g F, 17 g E

Die Haferflocken und Leinsamen in einer beschichteten Pfanne ohne Fett goldbraun rösten und beiseitestellen. Den Apfel schälen und fein raspeln. Den Magerquark mit den Apfelraspeln, dem Honig und den Rosinen verrühren. Die Beeren

behutsam waschen, verlesen, gut abtropfen lassen und unter den Apfelquark heben.
Mit den gerösteten Haferflocken und Leinsamen bestreut servieren.

Info *Man nimmt an, dass die verschiedenen Bioflavonoide, die in den Waldbeeren enthalten sind, der Zerstörung von Kollagen vorbeugen. Das hält die Hautstruktur länger straff und stärkt auch die Innenwände der Blutgefäße - gut gegen Krampfadern und zur Stärkung der Venen.*

Orangenquark mit Raspelschokolade

- 1 EL Orangenmarmelade
- 125 g Magerquark
- 1 Orange
- 1 reife Feige (ersatzweise Pflaumen oder andere Früchte der Saison)
- 1 EL Raspelschokolade

294 kcal, 46 g KH, 3 g F, 20 g E

Die Orangenmarmelade mit dem Quark glattrühren. Die Orange so schälen, dass möglichst keine weiße Haut übrig bleibt.
In einzelne Spalten teilen. Wer geübt ist und Zeit hat, kann die einzelnen Fruchtfilets mit einem scharfen kleinen Messer zwischen den Trennhäutchen herausschneiden und den dabei abtropfenden Saft zum Quark geben. Die Kerne entfernen und die Orangenfilets in kleine Würfel schneiden.
Die Orangenwürfel unter den Quark heben. Die Feige behutsam waschen, trockentupfen und in dünne Spalten schneiden. Auf den Orangenquark legen und mit Raspelschokolade bestreut servieren.

Tipp *Raspelschokolade gibt es fertig im Supermarkt bei den Backwaren. Sie können aber auch eine halbe Rippe einer leckeren Schokolade Ihrer Wahl mit einem scharfen Messer in hauchdünne Flocken schaben. Das sieht erstens besser aus und gibt zweitens dem Ganzen noch den besonderen Kick.*
Der Orangenquark lässt sich gut vorbereiten – zum Beispiel als Dessert für Gäste. Die Raspelschokolade aber erst unmittelbar vor dem Servieren drüberstreuen.

Grapefruit-Müsli mit Kefir

- 2 EL gemischte Getreideflocken
- 1 rosa Grapefruit
- 100 g Kefir (oder fettarmer Joghurt)
- 1 EL Ahornsirup

290 kcal, 36 g KH, 4 g F, 8 g E

Die Getreideflocken in einer beschichteten Pfanne ohne Fett goldgelb rösten und beiseitestellen.
Die Grapefruit schälen und dabei die weiße Haut komplett entfernen. Die Frucht in Spalten teilen (eventuell auch noch die Trennhäutchen entfernen) und den abtropfenden Saft auffangen.
Kefir, Ahornsirup und Grapefruitsaft verrühren. Die Grapefruitspalten in einen tiefen Teller geben, den Kefir drübergeben und mit den gerösteten Getreideflocken bestreut servieren.

Info

Zum Beispiel gibt es eine 5-Korn-Getreidemischung bestehend aus Flocken von Hafer, Weizen, Roggen, Gerste und Dinkel. Alles Vollkorn und aus ökologischem Anbau. Die würzigen Flocken sind eine schöne Abwechslung zu bloßen Haferflocken - denn fertige Müslimischungen sollten Sie wegen des darin enthaltenen Zuckers eher meiden.

Eiergerichte

Omelett mit Spargel

- 150 g grüner oder weißer Spargel
- Salz
- 2 Eier
- 2 EL Milch
- 2 EL Mineralwasser
- 2 EL gehacktes Basilikum
- Pfeffer
- 1 EL Butter

275 kcal, 6 g KH, 20 g F, 29 g E

Den Spargel waschen, schälen und in etwa 10 cm lange Stücke schneiden. Den grünen Spargel nur am unteren Ende dünn schälen. Salzwasser in einem Topf zum Kochen bringen und den Spargel zugedeckt 10 Minuten auf kleiner Flamme dämpfen.
In der Zwischenzeit die Eier mit Milch, Mineralwasser und dem Basilikum verquirlen und mit Salz und Pfeffer würzen.
Den Spargel aus dem Salzwasser heben und gut abtropfen lassen.
Die Butter in einer kleinen beschichteten Pfanne schmelzen und die Eimasse hineingeben. Sobald die Masse an der Oberfläche zu stocken beginnt, die Spargelstücke darauflegen und das Omelett fertig backen. Halbieren oder vierteln und auf einem vorgewärmten Teller servieren.

Omelett mit Corned Beef

- 50 g grünes Gemüse (z. B. Staudensellerie, Spinatblätter oder Paprika)
- 10 g Butter
- 1 Ei
- 1 EL Milch
- 1 EL Mineralwasser
- Salz, Pfeffer
- 2 Scheiben Corned Beef (ca. 50 g)
- 50 g halbierte Cherry-Tomaten

246 kcal, 4 g KH, 17 g F, 20 g E

Das Gemüse waschen und putzen und in kleine Würfel oder Streifen schneiden. Die Butter in einer kleinen Pfanne schmelzen und das Gemüse kurz anschwitzen.
Das Ei mit Milch und Mineralwasser verquirlen und mit Salz und Pfeffer würzen.
Die Eimasse über das Gemüse geben und bei milder Hitze stocken lassen. Kurz vor Ende der Garzeit die Corned-Beef-Scheiben darauflegen, sie kurz schmelzen lassen und dann das Omelett zusammenklappen.
Auf einem Teller anrichten und mit den Tomaten servieren.

Omelett mit Pfifferlingen

- 1 Glas eingelegte Pfifferlinge (100 g Abtropfgewicht)
- 1 Ei
- 1 EL Frischkäse
- 1 EL Milch
- 1 EL Mineralwasser
- Salz, Pfeffer
- 1 Frühlingszwiebel
- 1 EL Butter

200 kcal, 8 g KH, 15 g F, 10 g E

Info *Auch eingelegte Mischpilze oder Steinpilze machen sich gut im Omelett. Natürlich schmecken frische Pilze noch besser - aber es gibt sie meist nur in Packungen zu 250-300 g. Wenn Sie lose Pfifferlinge sehen, gleich zugreifen!*

Die Pfifferlinge durch ein Sieb abgießen und gut abtropfen lassen.
Das Ei mit dem Frischkäse verrühren, dann Milch, Mineralwasser, Salz und Pfeffer unterrühren. Die Frühlingszwiebel abziehen und in Ringe schneiden.
Die Butter in einer kleinen beschichteten Pfanne erhitzen und die Pfifferlinge unter Rühren kräftig anbraten. Die Hitze reduzieren und die Eimasse in die Pfanne gießen. Langsam stocken lassen, zusammenklappen, auf einen vorgewärmten Teller gleiten lassen und mit den Zwiebelringen bestreut servieren.
Dazu schmecken ein paar Cocktailtomaten oder ein paar Scheiben Salatgurke sehr erfrischend.

Rührei mit Rucola und Parmesan

- 1 Ei
- 2 EL Milch
- Salz, Pfeffer
- 5 Blätter Rucola
- 1 TL Butter
- 10 g frisch gehobelter Parmesan
- 1 Scheibe Vollkorntoast

226 kcal, 12 g KH, 15 g F, 12 g E

Das Ei mit der Milch und Salz und Pfeffer mit dem Schneebesen schaumig verquirlen. Die Rucolablätter waschen, gut trockenschütteln und in mundgerechte Stücke zupfen.

Die Butter in einer beschichteten Pfanne bei milder Hitze schmelzen, die verquirlten Eier dazugeben und langsam stocken lassen. Dabei zwischendurch mit einem Pfannenwender vorsichtig am Pfannenboden entlangrühren, bis das flüssige Ei cremig wird.

Kurz bevor die Eimasse fest wird, den Rucola und den Parmesan behutsam unterheben.

Den Vollkorntoast toasten und das Rührei darauf verteilen.

Mittagessen

Für das Mittagessen haben wir einfache Salate und Suppen entworfen, die Sie auch mal mitnehmen können. Vor allem aber gibt es einen großen Teil mit Hülsenfrüchten und Gemüse, die Sie nur mittags essen dürfen, da sie viele Kohlenhydrate enthalten. Im Fall der Hülsenfrüchte handelt es sich aber um Kohlenhydrate, die von wertvollem Eiweiß begleitet werden. Und weil morgens und mittags Kohlenhydrate gut vertragen werden und den Fettabbau nicht so stark behindern, dürfen Sie sie getrost essen.

Die Bohnen, Linsen und Kichererbsen bei unseren Rezepten kommen immer aus der Dose – bei Gerichten für eine Person wäre es zu aufwändig, zu getrockneten Hülsenfrüchten zu greifen, die am Vortag eingeweicht und dann gekocht werden müssen. Wenn Sie gerne und oft Hülsenfrüchte essen, können Sie aber größere Mengen vorkochen und portionsweise einfrieren.

Auch bei den Fisch- und Fleischgerichten haben wir Gemüse eingebaut, die Kohlenhydrate enthalten. Das macht Ihren Speiseplan abwechslungsreicher, denn abends müssen Sie auf Erbsen, Mais und grüne Bohnen verzichten.

Unter dem Rezeptnamen finden Sie Angaben zu den enthaltenen Kilokalorien (kcal), Kohlenhydraten (KH), Fett (F) und Eiweiß (E).

Die Mengenangaben gelten für eine Portion.

Salate

Rote Bete mit Kumquat, Feta und Pinienkernen

- 1 EL Pinienkerne
- 2 kleine Rote Beten (vorgekocht und eingeschweißt im Supermarkt)
- 75 g Feta
- 1 EL weißer Balsamessig
- Salz, Pfeffer
- 1 EL Olivenöl
- 5 Kumquats
- Schnittlauch

433 kcal, 16 g KH, 32 g F, 14 g E

Die Pinienkerne in einer beschichteten Pfanne ohne zusätzliches Fett goldgelb rösten, herausnehmen und beiseitestellen. Die Roten Beten in Scheiben schneiden und auf einem Teller ausbreiten. Den Feta mit einer Gabel grob zerteilen und darübergeben.
Aus Essig, Salz, Pfeffer und Olivenöl eine Marinade bereiten und darüberträufeln.
Die Kumquats zwischen den Handflächen rollen – so wird die Schale weicher und entfaltet ihr Aroma. Dann halbieren oder vierteln und zusammen mit den Pinienkernen über den Salat geben. Mit Schnittlauch dekoriert servieren.

Tipp *Tauschen Sie einmal das Olivenöl gegen Orangenöl aus. Das macht sich besonders gut zur Roten Bete. Orangenöl gibt es in Fläschchen zu 0,25 l - in gut sortierten Supermärkten manchmal auch in noch kleineren Fläschchen.*

Info *Kumquats sehen aus wie winzige, platte Orangen. Sie schmecken leicht bitter und süß-säuerlich. Da die Schale unbehandelt und sehr aromatisch ist, wird sie mitgegessen.*
Kumquats schmecken in allen Gerichten, in denen auch Orangen verwendet werden.

Rote-Bete-Carpaccio mit Ziegenkäse

- 1 große Knolle Rote Bete (ca. 150 g, vorgekocht und eingeschweißt im Supermarkt)
- gemahlener Koriander
- Pfeffer aus der Mühle
- 1 EL Apfelessig
- 50 g Ziegenrolle oder Ziegenfrischkäse
- 2 EL Crème légère
- Salz, Pfeffer
- 1–2 TL Meerrettich (aus dem Glas)

294 kcal, 17 g KH, 19 g F, 10 g E

Die Rote Bete mit dem Gurkenhobel in sehr dünne Scheiben schneiden und auf einem flachen Teller verteilen. Mit Koriander und Pfeffer bestreuen und mit dem Essig beträufeln. Mit Klarsichtfolie abdecken und 15 Minuten oder länger ziehen lassen.
In der Zwischenzeit die Ziegenrolle mit einer Gabel zerdrücken und mit der Crème légère glattrühren. Mit Salz und Pfeffer abschmecken.
Den Meerrettich in kleinen Tupfern auf die Rote Bete geben und die Käsecreme in die Mitte setzen.

Bunter Salat mit Walnüssen und Käse

- 150 g gemischte Blattsalate
- 1 Fleischtomate
- 1 Stängel Staudensellerie
- 75 g Feta
- 6 Walnusshälften
- 2 EL weißer Essig
- Salz, Pfeffer
- 1 TL scharfer Senf
- 1 EL Olivenöl oder Walnussöl

498 kcal, 10 g KH, 39 g F, 19 g E

Die Salatblätter waschen, in mundgerechte Stücke zupfen und auf einem Teller verteilen. Die Tomate heiß überbrühen, häuten, halbieren und den Stielansatz und die Kerne entfernen. Das Fruchtfleisch in kleine Würfel

schneiden. Den Selleriestängel wenn nötig unten schälen, putzen und in Ringe schneiden. Tomate und Sellerie auf den Salat geben.
Den Feta mit einer Gabel zerteilen und zusammen mit den Walnusshälften über den Salat streuen.
Aus Essig, Salz, Pfeffer, Senf und Oliven- oder Walnussöl eine cremige Marinade bereiten und den Salat damit beträufeln.

Tipp *Den Salat können Sie in einer Box gut mitnehmen. Die Marinade extra in einem Gläschen transportieren und vor dem Essen über den Salat träufeln.*

Garnelensalat mit Mangosauce

- 1 kleine reife Mango
- 1 Päckchen Riesengarnelen (gekocht und geschält im Kühlregal)
- ½ weiße Zwiebel in Spalten geschnitten
- einige grüne Salatblätter
- Pfeffer

186 kcal, 25 g KH, 1 g F, 10 g E

Die Mango schälen, die Hälfte des Fruchtfleisches in Spalten vom harten Kern schneiden und beiseitestellen. Das restliche Fruchtfleisch für die Sauce würfeln.

Für die Sauce:

- 1 rote Peperonischote
- 1 Stück Ingwer (walnussgroß)
- 1 EL Rohrzucker
- 2 EL weißer Essig
- ½ Mango in Würfel
- Salz

Die Peperonischote waschen, putzen, die Kerne entfernen und das Fruchtfleisch in kleine Würfel schneiden. Das Ingwerstück schälen und ebenfalls klein würfeln.
Den Rohrzucker in einem kleinen Topf schmelzen lassen und die Peperoni- und Ingwerwürfel darin andünsten. 2 EL Essig mit Wasser auf 1/8 l Flüssigkeit auffüllen und vorsichtig in den Topf schütten – der Zucker könnte spritzen.

Tipp *Die restliche Sauce hält sich im Kühlschrank in einem Schraubglas mindestens 2 Wochen. Sie passt auch gut zu Salaten, z. B. zum Salatmix auf Roastbeef (Seite 103) oder zum Scharfen Rindfleisch mit Zuckerschoten und Spinat (Seite 96).*
1 EL der Mangosauce hat 14 kcal und enthält 3 g Kohlenhydrate.

So lange rühren, bis sich der karamellisierte Zucker aufgelöst hat. Die Mangowürfel dazugeben und 15 Minuten bei milder Hitze köcheln lassen, bis die Frucht weich ist. Mit dem Pürierstab pürieren. Mit Salz abschmecken.
3 EL der Sauce in eine Schale oder einen tiefen Teller geben und Mangospalten, Garnelen, Zwiebelspalten und Salatblätter abwechselnd darauf arrangieren. Mit Pfeffer übermahlen servieren.

Fruchtiger Salat mit Nüssen und Körnern

- 4 Blätter Eisbergsalat
- 1 rote Zwiebel
- 1 roter Apfel (z. B. Renette oder Rubinola)
- 1 EL Granatapfelkerne
- 2 EL Apfelessig
- Salz, Pfeffer
- 1 TL scharfer Dijon-Senf
- 1 EL Walnussöl
- 4 Walnusshälften
- 2 EL gemischte Salatkörner

455 kcal, 22 g KH, 40 g F, 8 g E

Die Salatblätter waschen, gut trockenschütteln und in mundgerechte Stücke zupfen. Die Zwiebel abziehen und in feine Ringe schneiden. Den Apfel heiß waschen, vierteln, das Kerngehäuse entfernen und in schmale Spalten schneiden. Salat, Zwiebel, Apfel und Granatapfelkerne in einer Schüssel vermischen.
Aus Essig, Salz, Pfeffer, Senf und Öl eine cremige Marinade rühren und mit dem Salat vermischen.
Auf einem Teller anrichten und mit Walnusskernen und Salatkörnern bestreut servieren.

Zucchinisalat mit Halloumi

- 1 Zucchini (ca. 200 g)
- 1–2 EL Zitronensaft
- 1 Knoblauchzehe
- 150 ml fettarmer Joghurt
- Salz, Pfeffer
- 1 EL Pinienkerne
- 50 g Halloumi
- 1 TL Olivenöl

408 kcal, 18 g KH, 27 g F, 24 g E

Die Zucchini heiß waschen, abtrocknen und mit der Schale grob raspeln. Mit dem Zitronensaft vermischen. Die Knoblauchzehe abziehen, durch eine Knoblauchpresse drücken und dazugeben. Den Joghurt unterheben und mit Salz und Pfeffer abschmecken.
Die Pinienkerne in einer beschichteten Pfanne ohne Fett goldgelb rösten, herausnehmen und beiseitestellen.
Den Halloumi dünn auf beiden Seiten mit dem Öl bepinseln und in der heißen Pfanne anbraten. Auf den Zucchinisalat legen und mit den Pinienkernen bestreut servieren.

Tipp *Wenn Sie den Salat mitnehmen wollen, wählen Sie Feta statt Halloumi. Den Feta können Sie - in Würfel geschnitten – gleich untermischen. Die Kalorienanzahl bleibt ungefähr gleich. Feta hat nur etwas mehr Fett, dafür weniger Eiweiß.*

Suppen

Rote-Bete-Suppe mit Tortellini

- 50 g Tortellini
- Salz
- 1 Schalotte
- 50 g Knollensellerie
- 75 g Rote Bete (vorgekocht und abgepackt im Supermarkt)
- 1 EL Rapsöl
- 300 ml Gemüsebrühe (Instant)
- Salz, Pfeffer
- 2 EL gehackte Petersilie
- Meerrettich (aus der Tube) nach Belieben

306 kcal, 25 g KH, 19 g F, 8 g E

Die Tortellini nach Packungsanleitung in Salzwasser kochen.
In der Zwischenzeit die Schalotte abziehen und klein würfeln. Das Stück Sellerie putzen und in sehr kleine Würfel schneiden. Die Rote Bete in Stifte schneiden. (Am besten arbeiten Sie dabei auf einem Porzellanteller und ziehen sich Einmalhandschuhe über, denn der rote Saft haftet hartnäckig.)
Das Öl in einem kleinen Topf erhitzen und Schalotten- und Selleriewürfel goldgelb andünsten. Mit der Gemüsebrühe ablöschen und auf kleiner Flamme köcheln lassen, bis der Sellerie weich ist. Mit Salz und Pfeffer abschmecken.
Die Tortellini durch ein Sieb abgießen und in einen tiefen Teller geben. Die Suppe darüberschöpfen und mit der gehackten Petersilie bestreuen. Nach Belieben Tupfer vom Meerrettich drauf setzen.

Selleriecreme mit Apfel

- 1 kleine Zwiebel
- 100 g Knollensellerie
- 1 kleiner roter Apfel
- etwas Zitronensaft
- 1 EL Rapsöl
- 250 ml Gemüsebrühe (Instant)
- 1 EL Pinienkerne
- 1 Stängel Staudensellerie
- 2 EL Crème légère
- Salz, Pfeffer

314 kcal, 19 g KH, 27 g F, 5 g E

Die Zwiebel abziehen und klein würfeln. Das Stück Knollensellerie putzen und grob hacken. Den Apfel heiß waschen, ¼ davon mit Schale zur Dekoration beiseitelegen und mit Zitronensaft beträufeln, damit die Schnittstellen nicht braun werden. Den restlichen Apfel schälen, das Kerngehäuse entfernen und in Spalten schneiden.
Das Rapsöl in einem kleinen Topf erhitzen und die Zwiebel und den Knollensellerie goldgelb anbraten. Mit der Gemüsebrühe ablöschen, die Apfelspalten dazugeben und alles auf kleiner Flamme köcheln lassen, bis der Sellerie sehr weich ist.
In der Zwischenzeit die Pinienkerne in einer kleinen beschichteten Pfanne ohne zusätzliches Fett rösten und beiseitestellen. Den Stängel Staudensellerie waschen und – wenn nötig – dünn abschälen und in feine Ringe schneiden. Einige Blätter vom Selleriegrün aufheben.
Die Suppe mit einem Pürierstab fein pürieren, 1 EL Crème légère einrühren und mit Salz und Pfeffer abschmecken. Die Selleriering e in der Suppe erwärmen. Vom Apfelviertel das Kerngehäuse entfernen und das Fruchtfleisch in Spalten schneiden.
Die Suppe in einem tiefen Teller anrichten, die restliche Crème légère in die Mitte setzen, mit den Pinienkernen bestreuen und mit den Apfelscheiben und dem Selleriegrün dekoriert servieren.

Kalte Kefir-Gurken-Suppe mit Garnelen

- ½ Salatgurke
- 200 ml Kefir
- Salz, Pfeffer
- 2 Zweige Dill
- 5–6 Radieschen (etwa 100 g)
- 80 g Riesengarnelen (aus dem Kühlregal)

181 kcal, 15 g KH, 4 g F, 20 g E

Die Salatgurke schälen, längs halbieren und die Kerne herauskratzen. Mit dem Kefir fein pürieren, mit Salz und Pfeffer abschmecken und in einen tiefen Teller gießen.

Die Dillblättchen von den Stielen zupfen, einige Blättchen zur Dekoration beiseitelegen, den Rest hacken und in die Suppe rühren.

Die Radieschen waschen, putzen, in Scheiben schneiden und in die Suppe geben.

Die Garnelen in einem Sieb mit kaltem Wasser abbrausen und in die Mitte setzen. Mit den Dillblättchen garniert servieren.

Tomatensuppe mit Gorgonzola

- 1 kleine Zwiebel
- 1 Knoblauchzehe
- 1 EL Olivenöl
- 1 EL Tomatenmark
- 1 Dose stückige Tomaten (240 g Abtropfgewicht)
- Salz, Pfeffer
- 25 g Gorgonzola

318 kcal, 18 g KH, 25 g F, 10 g E

Tipp *Wir haben das Rezept mit Gorgonzola gerechnet. Sie können diese Tomatensuppe aber immer als Basis für vielerlei andere Einlagen nehmen.*

Die Zwiebel und die Knoblauchzehe fein hacken und in Olivenöl goldgelb anbraten. Das Tomatenmark kurz mitrösten.
Die Tomaten dazugeben und fein pürieren. Mit Salz und Pfeffer abschmecken.
Den Gorgonzola mit einer Gabel zerbröseln und auf die Suppe geben.

Gelbe Paprikacreme

- 1 gelbe Paprikaschote (ca. 250 g)
- 1 Schalotte
- 1 EL Rapsöl
- 250 ml Gemüsebrühe
- ½ Döschen Safran
- Salz, Pfeffer
- 50 g Räucherlachs

249 kcal, 18g KH, 19 g F, 14 g E

Die Paprikaschote waschen, putzen und grob würfeln. Die Schalotte abziehen und in dünne Scheiben schneiden.
Das Öl erhitzen und die Schalottenscheiben goldgelb anbraten. Die Paprikawürfel dazugeben und kurz andünsten. Mit der Gemüsebrühe aufgießen und die Safranfäden einrühren. Etwa 10–12 Minuten auf kleiner Flamme köcheln lassen, bis das Gemüse weich ist. Mit einem Pürierstab fein pürieren und mit Salz und Pfeffer abschmecken. Den Räucherlachs in Streifen schneiden, in einen tiefen Teller geben und mit der Suppe auffüllen.

Spinatcreme mit Minze

- 100 g TK-Blattspinat
- 1 Schalotte
- 1 Knoblauchzehe
- 10 Blättchen Minze
- 1 EL Rapsöl
- 1 TL Garam Masala (ersatzweise je ½ TL gemahlener Koriander und Kreuzkümmel)
- 200 ml Gemüsebrühe (Instant)
- 1 EL Zitronensaft
- Salz, Cayennepfeffer

177 kcal, 4 g KH, 17 g F, 3 g E

Den TK-Spinat antauen lassen. Die Schalotte und die Knoblauchzehe abziehen und fein würfeln. Die Minzeblättchen hacken.
Das Öl in einem beschichteten Topf erhitzen und die Schalotten- und Knoblauchwürfel goldgelb andünsten. Garam Masala dazugeben und unter Rühren 30 Sekunden rösten. Mit der Brühe ablöschen und alles zugedeckt bei mittlerer Hitze 10 Minuten köcheln lassen.
Den Spinat, die Minze und den Zitronensaft einrühren und weitere 3 Minuten köcheln lassen. Mit dem Pürierstab fein pürieren und mit Salz und Cayennepfeffer pikant abschmecken.

Tipp *Da diese Suppe sehr wenig Kalorien hat, können Sie sie nach Herzenslust »aufrunden«. Zum Beispiel mit ein paar Scheiben gebratener Chorizo (spanische Paprikawurst) oder mit 2 EL griechischen Joghurts.*

Info *Garam Masala ist eine klassische indische Gewürzmischung. Sie besteht hauptsächlich aus Kardamom, Koriander, Zimt, Gewürznelken und Pfeffer. Es können auch noch Chili, Ingwer, Safran oder Fenchelsamen enthalten sein. Sie finden die Mischung mittlerweile auch in gut sortierten Supermärkten.*

Rosenkohlcreme mit Haselnüssen

- 125 g Rosenkohl (ca. 100 g geputzt gewogen)
- 1 Schalotte
- 1 EL Rapsöl
- 250 ml Gemüsebrühe (Instant)
- 1 EL gehackte Haselnüsse
- 2 EL körniger Frischkäse
- Salz, Pfeffer
- Muskatnuss

163 kcal, 14 g KH, 16 g F, 11 g E

Den Rosenkohl waschen, putzen und halbieren oder vierteln. Die Schalotte abziehen und in Ringe schneiden.
Das Öl in einem beschichteten Topf erhitzen und die Schalottenringe goldgelb anbraten. Den Rosenkohl dazugeben und etwas anschwitzen. Mit der Brühe aufgießen und zugedeckt bei milder Hitze etwa 10 Minuten kochen lassen, bis der Rosenkohl weich ist.
In der Zwischenzeit die gehackten Haselnüsse in einer beschichteten Pfanne ohne zusätzliches Fett rösten.
3 Rosenkohlhälften zur Dekoration aus der Suppe nehmen und beiseitestellen. Den Frischkäse in den Topf geben und alles mit dem Pürierstab fein pürieren. Mit Salz, Pfeffer und Muskatnuss abschmecken.
Die Creme in einen tiefen Teller geben, die Rosenkohlhälften in die Mitte setzen und mit den Haselnüssen bestreut servieren.

Tipp *Sie können von der Rosenkohlcreme auch gleich die doppelte Portion zubereiten – sie lässt sich gut einfrieren. Als zusätzliches Gewürz können Sie 1/4 TL Zimt dazugeben.*

Hülsenfrüchte und Gemüse

Bohnensuppe mit Paprika und Lauch

- 1 kleine Stange Lauch (etwa 120 g geputzt gewogen)
- 2 Frühlingszwiebeln
- 1 kleine rote Spitzpaprika
- 1 TL Paprikapulver rosenscharf oder edelsüß
- 1 EL Olivenöl
- 250 ml Gemüsebrühe (Instant)
- 1 Dose weiße Bohnen (250 g Abtropfgewicht)
- Salz, Pfeffer
- Balsamessig nach Belieben

407 kcal, 37 g KH, 16 g F, 21 g E

Den Lauch putzen, längs aufschlitzen und gründlich waschen. Die Lauchzwiebeln abziehen und putzen. Beide Gemüse in Ringe schneiden. Die Paprikaschote waschen, putzen und in Würfel schneiden.

Das Öl in einem kleinen Topf erhitzen und Lauch und Frühlingszwiebel unter Rühren etwas andünsten. Die Paprikawürfel dazugeben, mit Paprikapulver bestäuben und mit der Gemüsebrühe ablöschen. Die Bohnen durch ein Sieb abgießen und abbrausen. Zur Suppe geben und darin erwärmen. Mit Salz und Pfeffer abschmecken und – nach Belieben – mit Balsamessig beträufelt servieren.

Tipp *Gönnen Sie sich zur Suppe 1 Esslöffel fein geraspelten Parmesan - der hat gerade mal 37 kcal mehr, gibt aber zusätzlich einen super Geschmack.*

Linsen mit Würstchen und Staudensellerie

- 2 Stängel Staudensellerie (ca. 150 g)
- 2 Geflügelwürstchen
- 1 kleine Dose Linsen (265 g Abtropfgewicht)
- 1 EL gehackte Haselnüsse
- 1 EL Öl
- 1 TL Thai-Currypulver
- Salz, Pfeffer
- 2–3 EL weißer Balsamessig

583 kcal, 36 g KH, 31 g F, 32 g E

Die Selleriestängel waschen und putzen. Äußere Stängel eventuell am unteren Ende dünn abschälen. In feine Streifen schneiden. Die Würstchen in Scheiben schneiden.
Die Linsen durch ein Sieb abgießen und abtropfen lassen.
Die Haselnüsse in einer beschichteten Pfanne (so groß, dass nachher das Gemüse und die Linsen darin Platz haben) ohne Fett rösten, herausnehmen und beiseitestellen.
Das Öl in der Pfanne erhitzen und die Selleriestreifen unter Rühren etwa 2 Minuten anbraten, dann die Würstchen dazugeben und weitere 2 Minuten braten, bis sie etwas Farbe angenommen haben.
Mit dem Currypulver bestäuben und die Linsen einrühren. Mit Salz, Pfeffer und Balsamessig pikant abschmecken.

Tipp *Wenn Sie das Gericht abkühlen lassen und mehr Essig dazugeben, haben Sie einen leckeren rustikalen Salat, den Sie auch gut mitnehmen können.*

Ratatouille mit Linsen

- 150 g Aubergine
- Salz
- 1 kleine Zucchini
- 1 weiße Zwiebel
- 2 Knoblauchzehen
- 1 EL Olivenöl
- 50 g rote oder gelbe Linsen
- 1 EL Leinsamen
- 150 ml Gemüsebrühe (Instant)
- 1 Zweig Rosmarin
- 1 Fleischtomate (ca. 200 g)
- Cayennepfeffer
- 1 EL gehackte Petersilie

316 kcal, 41 g KH, 8 g F, 21 g E

Die Aubergine waschen, in Scheiben schneiden, salzen und zugedeckt ziehen lassen, damit sich die Bitterstoffe lösen können.
In der Zwischenzeit die Zucchini waschen, putzen und in Scheiben schneiden.
Die Zwiebel und die Knoblauchzehen abziehen und klein würfeln. Das Öl in einer hohen beschichteten Pfanne erhitzen und Zwiebel- und Knoblauchwürfel goldgelb anbraten. Die Linsen und Leinsamen unterrühren und mit der Gemüsebrühe aufgießen. Aufkochen lassen, die Hitze reduzieren und den Rosmarinzweig und die Auberginen- und Zucchinischeiben dazugeben und 15 Minuten ziehen lassen, bis alle Zutaten weich sind.
Die Tomate mit heißem Wasser überbrühen, kalt abschrecken, häuten und Kerne und Stielansätze entfernen. Das Fruchtfleisch in kleine Würfel schneiden und zum Ratatouille geben. Noch etwa 5 Minuten ziehen lassen – die Tomaten sollen nicht verkochen. Mit Salz und Cayennepfeffer abschmecken und mit Petersilie bestreut servieren.

Info *Leinsamen tragen zu einer günstigen Versorgung mit Omega-3-Fettsäuren bei. Eintopfgerichte eignen sich ideal, um diese kleinen braunen Körnchen einzuschmuggeln.*

Mungobohnen mit Kohlrabi und Erdnüssen

- 75 g Mungobohnen
- ½ TL Kümmel
- 1 kleiner Kohlrabi
- 1 Tomate
- 1 Knoblauchzehe
- 1 EL Rapsöl
- 1 EL Thymianblättchen
- 1 EL Crème légère
- Salz, Pfeffer
- 1 EL gehackte Erdnüsse

531 kcal, 42 g KH, 37 g F, 27 g E

Die Bohnen mit Kümmel in 1,5 l Wasser aufkochen und auf kleiner Flamme 1 Stunde quellen lassen. Dann durch ein Sieb abgießen.
In der Zwischenzeit den Kohlrabi schälen und in Stifte schneiden. Die Tomate würfeln. Die Knoblauchzehe abziehen und durch eine Knoblauchpresse drücken.
Das Öl in einer beschichteten Pfanne erhitzen und Kohlrabistifte und Knoblauch unter Rühren bissfest anbraten.
Die gut abgetropften Bohnen, die Tomatenwürfel und die Thymianblättchen dazugeben und auf kleiner Flamme fünf Minuten ziehen lassen. Die Crème légère einrühren und mit Salz und Pfeffer abschmecken. Mit den gehackten Erdnüssen bestreut servieren.

Info

Mungobohnen, die kleinen grünen Verwandten in der großen Bohnenfamilie, enthalten viel hochwertiges Eiweiß. Sie bekommen sie in gut sortierten Supermärkten und im Asialaden. Es lohnt, gleich die ganze Packung zu kochen und portionsweise einzufrieren.

Beluga-Linsen mit Zucchini und Radieschen

- 75 g Beluga-Linsen
- 1 kleine Zucchini (ca. 150 g)
- 3 Lauchzwiebeln
- 5 Radieschen (ca. 50 g geputzt gewogen)
- 1 EL Olivenöl
- 2–3 EL weißer Essig
- Salz, Pfeffer
- 6 Blätter Basilikum
- 1 EL Crema di Balsamico nach Belieben

424 kcal, 41 g KH, 16 g F, 22 g E

Die Linsen in der dreifachen Wassermenge zum Kochen bringen und etwa ½ Stunde auf kleiner Flamme offen köcheln lassen, bis nahezu alle Flüssigkeit aufgesogen ist und die Linsen bissfest sind.
In der Zwischenzeit die Zucchini waschen, putzen, längs halbieren oder vierteln und in Scheiben schneiden. Die Lauchzwiebeln abziehen und in Scheiben schneiden. Die Radieschen waschen, putzen, halbieren und in Scheiben schneiden.
Das Öl in einer beschichteten Pfanne erhitzen und Zucchini- und Lauchzwiebelscheiben schwach anbraten. Die fertigen Linsen untermischen, mit Essig ablöschen und mit Salz und Pfeffer abschmecken. In einen tiefen Teller geben und mit den Radieschen und den Basilikumblättern garniert servieren.

Info *Es gibt mehr als 50 verschiedene Basilikumsorten und jedes Jahr kommen neue Kreationen dazu. Das gebräuchlichste ist das Genoveser Basilikum. Es gibt aber auch so exotische Sorten wie »Red Arrow«, »Green Super Globe« oder »Zanzibar«.*

Kidneybohnen mit Staudensellerie

- 2–3 Stängel Staudensellerie (ca. 200 g)
- 1 Schalotte
- 1 EL Olivenöl
- Salz, Pfeffer
- ½ TL getrockneter Thymian oder 2 Zweige frischer Thymian
- 1 kleine Dose Kidneybohnen (200 g Füllgewicht)
- 100 g Cherry-Tomaten
- 2 EL körniger Frischkäse (Halbfettstufe)

321 kcal, 20 g KH, 18 g F, 16 g E

Die Selleriestängel von der Staude abtrennen, waschen und putzen. Eventuell äußere Stängel am unteren Ende dünn abschälen. In schmale Streifen schneiden. Die Schalotte abziehen und in feine Ringe schneiden. Das Olivenöl in einer beschichteten Pfanne erhitzen und die beiden Gemüse unter Rühren anbraten, bis die Schalottenringe Farbe angenommen haben. Mit etwas Wasser (etwa 50 ml) ablöschen und den Thymian dazugeben. Auf kleiner Flamme köcheln lassen, bis die Sellerieringe bissfest sind.

Die Bohnen in ein Sieb geben, kalt abbrausen und unter das Gemüse rühren. Die Cherry-Tomaten waschen, vierteln und in die Pfanne geben. Alles zusammen 2–3 Minuten köcheln lassen (eventuell etwas Wasser nachgießen), bis die Bohnen und Tomaten heiß sind.

Nochmals mit Salz abschmecken, auf einem Teller anrichten und den körnigen Frischkäse darüberlöffeln.

Riesenbohnen mit Orangen und Frischkäse

- 1 Dose weiße Riesenbohnen (250 g Abtropfgewicht)
- 1 Orange
- 2 Lauchzwiebeln
- 6 Blättchen frische Minze
- 1 EL weißer Essig
- Salz, Pfeffer
- 1 EL Olivenöl
- 25 g Frischkäse (1 % Fett i. d. Tr.)
- 1 EL gehackte Walnusskerne

487 kcal, 43 g KH, 24 g F, 16 g E

Tipp *Besonders aromatisch und ein Highlight auch für Gäste wird der Salat, wenn Sie für die Marinade Orangenöl statt Olivenöl verwenden.*

Die Bohnen durch ein Sieb abgießen und mit kaltem Wasser abbrausen. Gut abtropfen lassen.
Die Orange so schälen, dass möglichst keine weiße Haut übrig bleibt. Drei Scheiben aus der Mitte herausschneiden und auf einem Teller anrichten. Die restliche Orange klein würfeln. Die Lauchzwiebeln abziehen, putzen und in Ringe schneiden.
3 Minzeblättchen in feine Streifen schneiden, die restlichen zur Dekoration beiseitelegen.
Aus Essig, Salz, Pfeffer und Olivenöl in einer Schüssel eine cremige Marinade rühren. Die Bohnen, Lauchzwiebeln, Orangenwürfel und Minzestreifen dazugeben und eventuell etwas durchziehen lassen.
Den Salat neben den Orangenscheiben anrichten, den Frischkäse mit einem Teelöffel darauf verteilen, mit den gehackten Walnüssen bestreuen und mit den restlichen Minzeblättchen dekoriert servieren.

Kidneybohnen mit Rinderhack und gelbem Paprika

- 1 kleine Dose Kidneybohnen (200 g Füllgewicht)
- 1 gelbe Paprikaschote
- 1 Schalotte
- 1-2 Knoblauchzehen
- 1 EL Rapsöl
- 75 g Rinderhackfleisch
- 1 EL Tomatenmark
- 150 ml Gemüsebrühe (Instant)
- 1 Zweig Rosmarin
- Salz, Pfeffer
- 1–2 EL Balsamessig nach Belieben

490 kcal, 35 g KH, 28 g F, 28 g E

Die Kidneybohnen in ein Sieb geben, abbrausen und abtropfen lassen. Die Paprikaschote waschen, putzen und in Würfel schneiden. Die Schalotte und die Knoblauchzehen abziehen und sehr fein würfeln.
Das Rapsöl in einer beschichteten Pfanne erhitzen und Schalotten- und Knoblauchwürfel anschwitzen. Das Rinderhackfleisch zerpflücken und krümelig braten. Das Tomatenmark einrühren und kurz mitbraten – es entfaltet so sein Aroma besser. Mit der Gemüsebrühe aufgießen, den Rosmarinzweig dazugeben und 30 Minuten sanft köcheln lassen.

Die Paprikawürfel einrühren und in etwa 10 weiteren Minuten bissfest garen.
Mit Salz und Pfeffer abschmecken und nach Belieben etwas Balsamessig einrühren.

Kichererbsen-Pfanne mit Artischocken

- 1 Dose Kichererbsen (250 g Abtropfgewicht)
- 1 kleine rote Spitzpaprika (etwa 50 g)
- 4 Kirschtomaten
- 2 eingelegte Artischockenherzen (aus dem Glas)
- 5 entsteinte schwarze Oliven
- 1 EL Olivenöl
- 1 TL Harissa
- Salz, Pfeffer
- 1–2 EL weißer Essig oder Zitronensaft
- 1 EL frisch gehackter Koriander (ersatzweise Petersilie)

515 kcal, 33 g KH, 21 g F, 13 g E

Die Kichererbsen durch ein Sieb abgießen und gut mit kaltem Wasser abbrausen.
Die Paprikaschote waschen, putzen und in feine Streifen schneiden. Die Kirschtomaten waschen und vierteln. Die Oliven in Scheiben schneiden. Die Artischockenherzen halbieren.
Das Öl in einer beschichteten Pfanne erhitzen und die Paprikastreifen anbraten, bis sie Farbe angenommen haben. Die Kichererbsen dazugeben und mit Harissa würzen. Auf kleiner Flamme etwa 2–3 Minuten dünsten, bis die Kircherbsen heiß sind. Die Tomaten und Oliven unterheben und mit Salz, Pfeffer und Essig oder Zitronensaft pikant abschmecken.
Auf einem Teller anrichten, die Artischocken obenauf legen und mit dem gehackten Koriander bestreut servieren.

Info

Harissa stammt aus Nordafrika, hat aber mittlerweile auch in unseren Küchen Einzug gehalten. Die Würzmischung besitzt eine leicht süßliche Schärfe und besteht hauptsächlich aus Chili, Kreuzkümmel, Koriander und Knoblauch. Doch Vorsicht: Je nach Hersteller kann sie sehr scharf sein. Nehmen Sie beim ersten Mal wirklich nur 1 TL, später dann nach Belieben mehr. Harissa gibt es als Paste oder als Pulver an den Gewürzständen auf dem Wochenmarkt.

Risotto mit Gemüse

- 1 Lauchzwiebel oder 1 kleine Schalotte
- 1 kleine Möhre (ca. 100 g)
- 50 g grüne Bohnen
- 2 Köpfchen Brokkoli
- Salz
- 1 EL Olivenöl
- 75 g Risotto-Reis (z. B. Arborio oder Vialone)
- 150 ml heiße Gemüsebrühe
- 1 EL fein geraspelter Parmesan
- Pfeffer
- 1 EL gehobelter Parmesan

498 kcal, 67 g KH, 14 g F, 10 g E

Die Lauchzwiebel oder Schalotte abziehen und fein hacken.
Die Möhre schälen und in kleine Würfel schneiden. Die Bohnen waschen und putzen. Die Brokkoliköpfchen – wenn nötig – halbieren. Vorhandene Stiele würfeln.
Salzwasser zum Kochen bringen und zunächst die Möhren- und Brokkoliwürfel mit den Bohnen bei milder Hitze köcheln lassen. Zum Schluss dann für 3 Minuten die Brokkoliköpfchen dazugeben.

Das Olivenöl in einem kleinen Topf erhitzen und die Lauchzwiebel oder Schalotte mit dem Reis glasig dünsten. Etwa $^1/_3$ der Gemüsebrühe dazu gießen, die Hitze reduzieren und unter öfterem Rühren einkochen lassen, bis nahezu alle Flüssigkeit aufgesogen ist. Wieder Brühe angießen und einkochen lassen. So lange, bis alle Brühe aufgebraucht und der Reis schön sämig ist. Vom Herd nehmen und den geraspelten Parmesan einrühren. Mit Salz und Pfeffer abschmecken.
Das Gemüse durch ein Sieb abgießen und unter den Reis heben.
Auf einem tiefen Teller anrichten und mit dem gehobelten Parmesan bestreut servieren.

Zucchini mit Kohlrabi und Reis

- 50 g Naturreis
- 1 kleiner Kohlrabi (ca. 250 g)
- 1 kleine Zucchini (ca. 150 g)
- 1 grüne Peperonischote
- 1 EL Rapsöl
- 1 EL gehackte Mandeln oder Pinienkerne
- 2–3 EL weißer Essig oder Sojasauce nach Belieben
- Salz, Pfeffer

473 kcal, 52 g KH, 21 g F, 14 g E

Den Naturreis nach Packungsanleitung kochen.

Den Kohlrabi putzen, schälen und in Stifte schneiden. Die kleinen grünen Kohlrabiblätter fein hacken und beiseitestellen. Die Zucchini waschen, putzen, längs halbieren und in Scheiben schneiden. Die Peperonischote aufschlitzen, die Kerne und die weißen Scheidewände entfernen (denn dort sitzt die höllische Schärfe) und das Fruchtfleisch klein würfeln.

Das Öl in einer beschichteten Pfanne erhitzen und die Kohlrabistifte unter Rühren glasig braten. Die Zucchinischeiben und die Mandeln oder Pinienkerne dazugeben und etwas anbraten. Den fertigen Reis unterrühren und mit Essig oder Sojasauce ablöschen.

Mit Salz und Pfeffer abschmecken und mit dem Kohlrabigrün bestreut servieren.

Tipp *Zu diesem Reisgericht passt die Mangosauce gut, die Sie für den Garnelensalat mit Mangosauce (Seite 58) zubereitet haben.*

Erbsen-Kartoffel-Püree

- 200 g TK-Erbsen
- 200 g Kartoffeln
- 250 ml Gemüsebrühe
- 1 EL Butter
- Salz, Pfeffer

385 kcal, 51 g KH, 10 g F, 16 g E

Die Erbsen aus der Packung nehmen und antauen lassen.
Die Kartoffeln schälen, würfeln und in der Gemüsebrühe weich kochen.
Die Erbsen dazugeben und so lange weiter kochen, bis auch sie weich sind. Einige Erbsen zur Dekoration herausnehmen. Das restliche Gemüse nicht zu fein pürieren – es sollen noch Stücke von Kartoffeln und Erbsen zu sehen sein.
Die Butter einrühren und mit Salz und Pfeffer abschmecken.

Info

Frische Erbsen haben von Juni bis August Saison. Leider macht das Auspalen viel Arbeit und die Ausbeute ist mager: Für 200 g Erbsen brauchen Sie etwa 750 g Erbsen in Hülsen.
Am besten schmecken die süßlichen Markerbsen, die man auch roh naschen kann.

Gratinierter Fenchel

- 1 große oder 2 kleine Fenchelknollen (ca. 400 g)
- Salz
- 1 große Tomate
- 1 kleine Zwiebel
- 1 Knoblauchzehe
- 1 EL Olivenöl
- 1 EL gehackte Petersilie
- 2 EL Semmelbrösel
- 2 EL frisch geriebener Parmesan

420 kcal, 51 g KH, 24 g F, 22 g E

Den Fenchel putzen, die harten Stiele entfernen und die äußeren Blätter abschälen. Das Fenchelgrün aufheben.
Reichlich Salzwasser zum Kochen bringen. Die Tomaten darin kurz blanchieren und kalt abschrecken. Die Fenchelhälften in das Wasser geben und 15 Minuten bei milder Hitze weich garen.
Den Backofen auf 200° C vorheizen. In der Zwischenzeit die Tomate häuten, den Stielansatz und die Kerne entfernen und das Fruchtfleisch in Würfel schneiden.
Die Zwiebel und die Knoblauchzehe häuten und klein würfeln. Das Öl in einer kleinen beschichteten Pfanne erhitzen und Zwiebel und Knoblauch glasig dünsten. Vom Herd nehmen und mit Petersilie, Semmelbröseln und Parmesan verrühren.
Die Fenchelhälften mit der Schnittfläche nach unten gut abtropfen lassen und in eine feuerfeste Form setzen. Die Tomatenwürfel und die Zwiebel-Käse-Mischung darauf verteilen. Im Backofen auf der mittleren Schiene im vorgeheizten Backofen backen, bis die Oberfläche goldgelb ist. Mit dem gehackten Fenchelgrün bestreut servieren.

Mangold-Tagliatelle

- 75 g Tagliatelle
- Salz
- ½ Staude Mangold (etwa 250 g)
- 1 kleine Zwiebel oder 2 Schalotten
- 1 EL Olivenöl
- 2 EL Ricotta oder Frischkäse
- Pfeffer
- frisch geriebene Muskatnuss
- 1 EL geraspelter Parmesan

525 kcal, 62 g KH, 23 g F, 19 g E

Die Tagliatelle in Salzwasser »al dente« kochen.
In der Zwischenzeit den Mangold waschen und gut abtropfen lassen. Die harten Stiele herausschneiden und würfeln. Die Blätter grob hacken. Die Zwiebel oder Schalotte abziehen und fein würfeln.
Das Öl in einer beschichteten Pfanne erhitzen und zuerst die Mangoldstiele anbraten, dann die Blätter dazugeben und dünsten, bis sie weich sind. Eventuell etwas Wasser dazugeben.
Den Käse einrühren und mit Salz, Pfeffer und Muskatnuss abschmecken. Nicht mehr kochen lassen.
Die Tagliatelle durch ein Sieb abgießen und mit dem Mangold vermischen. Mit dem Parmesan bestreut servieren.

Info

Ricotta (vom lateinischen Wort recocta = »nochmals gekocht«) ist ein italienischer Frischkäse auf Molkebasis. Er enthält neben etwa 13 % Fett viel hochwertiges Eiweiß. Ricotta schmeckt feiner als herkömmlicher Frischkäse, den Sie für dieses Rezept ersatzweise natürlich auch verwenden können.

Grüner Paprika mit Couscous und Apfel

- 60 g Couscous
- 75 ml Gemüsebrühe
- 1–2 TL Ras el-Hanout
- 1 kleine grüne Paprikaschote (etwa 200 g geputzt gewogen)
- 1 EL Olivenöl
- 1 kleiner Apfel (etwa 150 g)
- Saft von ½ Zitrone
- Salz, Pfeffer
- 1 EL gehackte Walnüsse

494 kcal, 73 g KH, 17 g F, 11 g E

Den Couscous mit der kochenden, mit Ras el-Hanout gewürzten Gemüsebrühe übergießen und zugedeckt quellen lassen.
In der Zwischenzeit die Paprikaschote waschen, putzen und in kleine (etwa 1 cm) Würfel schneiden. Das Olivenöl in einer beschichteten Pfanne erhitzen und die Paprikawürfel unter Rühren anbraten, bis sie etwas Farbe angenommen haben. Beiseitestellen.
Den Apfel schälen, in Spalten schneiden, das Kerngehäuse entfernen und das Fruchtfleisch würfeln. Sofort mit Zitronensaft beträufeln. Paprika- und Apfelwürfel unter den Couscous mischen, mit Salz und Pfeffer abschmecken und mit den Walnüssen bestreut servieren.

Info *Ras el-Hanout ist eine typisch marokkanische Gewürzmischung, die besonders gut zu Couscous passt. Die wörtliche Übersetzung lautet »Kopf des Ladens«, was besagt, dass nur der Chef-Gewürzhändler weiß, aus welchen Bestandteilen die Mischung besteht. Häufigste Zutaten sind: Muskat, Rosenknospen, Zimt, Anis, Chili, Lavendel und Pfeffer. Sie bekommen Ras el-Hanout in verschiedenen Mahlstufen an Gewürzständen auf dem Markt und in gut sortierten Supermärkten. Ersatzweise können Sie jeweils ½ TL Zimt, Muskatnuss, Nelken, Kurkuma und Knoblauch nehmen.*

Currygemüse mit Ananas

- 1 Staude Pak Choi
- 1 kleine Zwiebel
- 1 Knoblauchzehe
- 100 g grüne Bohnen
- 200 g Gemüse der Saison (z. B. Spargel im Frühjahr, Fenchel im Sommer oder Rosenkohl im Herbst)
- 1 EL Butter
- 1 EL Madras-Currypulver
- 1 TL Rohrzucker
- 100 ml Gemüsebrühe
- Salz, Pfeffer
- 2 EL Frischkäse oder Ricotta
- 2 Scheiben frische Ananas

271 kcal, 39 g KH, 15 g F, 11 g E

Info *Dafür ist die indische Küche bekannt: Scharfes Gemüse oder Fleisch wird mit frischen süßen Früchten serviert. Das mildert einerseits die Schärfe und schmeichelt andererseits dem Gaumen.*

Den Pak Choi in Blätter teilen, waschen und gut abtropfen lassen. Die Zwiebel und die Knoblauchzehe abziehen und fein würfeln. Die Bohnen putzen und quer in 1 cm lange Stücke schneiden. Das restliche Gemüse waschen, putzen und würfeln oder in Scheiben schneiden.

Die Butter in einer hohen beschichteten Pfanne erhitzen und Curry und Zucker anbraten. Das Gemüse dazugeben und etwa 3 Minuten lang unter Rühren andünsten.

Mit der Brühe ablöschen und zugedeckt etwa 15 Minuten dunsten, bis das Gemüse gar ist.

Mit Salz und Pfeffer abschmecken und den Frischkäse einrühren. Auf einem Teller anrichten und die Ananasscheiben obenauf legen.

Rote Bete mit Kräuterreis

- 50 g Naturreis
- 150 g Rote Bete (vorgekocht im Supermarkt)
- 1–2 Knoblauchzehen
- 1 EL Rapsöl
- 1 EL Leinsamen
- 2 EL fettarmer Frischkäse
- 2 EL frische Kräuter nach Saison (oder 1 EL tiefgekühlte)
- Pfeffer aus der Mühle
- 1 EL gehackte Mandeln oder Haselnüsse

547 kcal, 59 g KH, 26 g F, 12 g E

Den Naturreis nach Packungsanleitung kochen.
In der Zwischenzeit die Rote Bete in Würfel schneiden. Die Knoblauchzehen abziehen und in kleine Würfel schneiden.
Das Öl in einer beschichteten Pfanne erhitzen und Rote Bete und Knoblauch anbraten. Den Leinsamen einrühren. Rote Bete auf einem Teller anrichten und den Frischkäse in kleinen Tupfern obenauf setzen.
Die Kräuter unter den fertigen Reis heben, neben die Rote Bete auf den Teller geben und das Gericht mit frischem Pfeffer übermahlen. Mit den Mandeln oder Haselnüssen bestreut servieren.

Tipp 50 g Reis kochen lohnt sich fast nicht. Kochen Sie gleich eine größere Menge. Sie können den gekochten Reis portionsweise einfrieren und ihn auch mal mit anderem Gemüse zubereiten. Oder weitere 50 g im Rezept Zucchini mit Kohlrabi und Reis (Seite 74) verwenden.

Fisch

Steinbeißer mit exotischen Früchten

- 1 Steinbeißerfilet (ca. 170 g)
- etwas Zitronensaft
- 150 g breite Bohnen
- Salz
- 1 Spalte Papaya (ca. 40 g)
- 1 Spalte Mango (ca. 40 g)
- ½ Nashi-Birne (ca. 40 g)
- 10 g Butter
- Pfeffer

320 kcal, 21 g KH, 11 g F, 31 g E

Das Fischfilet mit dem Zitronensaft beträufeln und zugedeckt ziehen lassen. In der Zwischenzeit die Bohnen putzen, waschen und längere Exemplare halbieren. In Salzwasser oder über einem Dampfeinsatz 10–15 Minuten bissfest garen. Die Früchte schälen und würfeln.
Die Butter in einer beschichteten Pfanne bei mittlerer Hitze schmelzen. Das Fischfilet trockentupfen, salzen und pfeffern und in der Butter je nach Dicke 4–5 Minuten von jeder Seite anbraten.
Die Bohnen in ein Sieb geben, gut abtropfen lassen und auf einem Teller anrichten. Das Fischfilet darauflegen. Die Früchte kurz in der Pfanne schwenken und auf dem Gericht verteilen.

Gewürztes Tilapiafilet mit grünem Spargel

- 1 Tilapiafilet (ca. 180 g)
- 1 kleine Möhre (ca. 75 g)
- Salz
- 250 g grüner Spargel
- Prise Zucker
- 1 TL Butter
- 1 EL Olivenöl
- 1–2 TL Limettensaft

425 kcal, 10 g KH, 20 g F, 52 g E

Für die Würzmischung:

- ½ TL getrockneter Thymian
- ½ TL Rosmarinnadeln
- ½ TL getrocknete Peperoni oder All'arrabbiata-Gewürz
- Salz, Pfeffer

Die Zutaten für die Würzmischung vermengen und auf einem Teller ausbreiten.
Das Fischfilet trockentupfen und mit der Würzmischung einreiben.
Die Möhre schälen, waschen, putzen und in dünne Scheiben schneiden. Salzwasser in einem kleinen Topf zum Kochen bringen und die Möhren darin in etwa 10 Minuten weich kochen.
Den Spargel am unteren Ende schälen und putzen. Salzwasser mit dem Zucker und der Butter zum Kochen bringen und den Spargel bei kleiner Hitze ca. 8 Minuten garen.

Info *Tilapia ist ein Zuchtfisch aus der Familie der Buntbarsche. Achten Sie beim Einkauf auf umweltfreundlich gezüchteten Fisch – bevorzugt aus Honduras oder deutschen Aquakulturen. Tilapia hat wenig Eigengeschmack. Er eignet sich daher hervorragend für aromastarke Würzmischungen.*

Das Olivenöl in einer beschichteten Pfanne erhitzen und das gewürzte Tilapiafilet von jeder Seite 3 Minuten bei milder Hitze anbraten.
Die Gemüse durch ein Sieb abgießen und nebeneinander auf einen Teller geben. Das Fischfilet zwischen die beiden Gemüse setzen, mit Limettensaft beträufeln und mit einer Limettenscheibe dekoriert servieren.

Penne mit Riesengarnelen

- 80 g Penne
- Salz
- 3 Stangen grüner Spargel
- je ½ rote und gelbe Paprikaschote (zusammen ca. 160 g)
- 80 g Riesengarnelen (gekocht und geschält aus dem Kühlregal)
- 1 EL Olivenöl
- 50 ml Sahne zum Kochen (15 % Fett)
- Pfeffer
- 10 g geraspelter Parmesan
- 1 EL Thymianblättchen

579 kcal, 67 g KH, 22 g F, 28 g E

Reichlich Salzwasser zum Kochen bringen und die Penne darin nach Packungsanweisung »al dente« kochen. In der Zwischenzeit die Spargelstangen wenn nötig im unteren Ende schälen und in etwa 5 cm lange Stücke schneiden. Gegen Ende der Penne-Kochzeit ins Kochwasser geben und mitkochen lassen. Die Paprikaschoten putzen und in Würfel schneiden. Die Riesengarnelen aus der Packung in ein Sieb geben und mit kaltem Wasser abbrausen.

Das Öl in einer beschichteten Pfanne erhitzen und die Paprikaschoten andünsten. Die Garnelen dazugeben und kurz mitdünsten. Mit der Sahne aufgießen und mit Salz und Pfeffer abschmecken. Auf dem Herd warm halten, aber nicht kochen lassen.
Die Penne mit den Spargelstücken durch ein Sieb abgießen, gut abtropfen lassen und in die Pfanne geben. 1 Minute ziehen lassen und auf einem vorgewärmten Teller anrichten. Mit Parmesan und Thymianblättchen bestreut servieren.

Gedünsteter Schellfisch auf Zuckerschoten

- 1 Stück Schellfischfilet (ca. 180 g)
- etwas Zitronensaft
- 200 g Zuckerschoten
- Salz
- Pfeffer
- 10 g Butter
- 1 EL frischer oder 1 TL getrockneter Thymian
- 1 TL scharfer Senf
- 50 ml Sahne zum Kochen (15 % Fett)

416 kcal, 21 g KH, 10 g F, 40 g E

Das Fischfilet trockentupfen und mit Zitronensaft beträufeln.
In einem kleinen Topf einen Fingerbreit Salzwasser zum Kochen bringen, die Zuckerschoten hineinlegen und zugedeckt bei mittlerer Hitze 2 Minuten köcheln lassen.
Den Schellfisch salzen und pfeffern und darauflegen. Zugedeckt weitere 3 Minuten dünsten lassen.
In der Zwischenzeit die Butter in einer kleinen beschichteten Pfanne schmelzen und den Thymian kurz anrösten. Den Senf und die Sahne einrühren und vom Herd nehmen. Mit Salz und Zitronensaft abschmecken.
Die Zuckerschoten und den Schellfisch mit einem Schaumlöffel aus dem Topf heben und auf einen vorgewärmten Teller geben. Mit der Sauce begossen servieren.

Thunfisch auf schwarzen Linguine

- 1 Scheibe Thunfisch (etwa 150 g)
- etwas Zitronensaft
- 1 Fleischtomate
- 50 g schwarze Linguine oder Tagliatelle
- Salz, Pfeffer
- 1 flacher EL Goldleinsamen
- 1 flacher EL Leinsamen
- 1 EL Butter
- 1 EL Olivenöl

570 kcal, 33 g KH, 27 g F, 47 g E

Den Thunfisch mit Zitronensaft beträufeln und etwas ziehen lassen.

Die Tomate heiß überbrühen, kalt abschrecken, häuten und vierteln. Die Stielansätze und Kerne entfernen und das Fruchtfleisch in Würfel schneiden.

Die Linguine nach Packungsanleitung »al dente« kochen.

Den Thunfisch trockentupfen und salzen und pfeffern. Den hellen und dunklen Leinsamen auf einem Teller vermischen und den Fisch von beiden Seiten darin wenden. Die Körner gut andrücken.

Die Butter in einer beschichteten Pfanne schmelzen lassen und die Tomatenwürfel 1 Minute darin schwenken. Mit Salz und Pfeffer würzen und beiseitestellen.

Das Olivenöl in einer beschichteten Pfanne erhitzen und den Thunfisch bei milder Hitze von jeder Seite 2 Minuten anbraten.

Die Linguine abgießen und auf einem Teller anrichten. Die Tomaten an den Rand geben und den Thunfisch daraufsetzen.

Flusskrebse mit Reisnudeln und Gemüse

- 80 g Reisnudeln
- 1 Möhre (etwa 100 g)
- 1 kleine Stange Lauch
- 1 Stück Ingwer (walnussgroß)
- 1 EL Rapsöl
- 2–3 EL Sojasauce
- 1 Päckchen Flusskrebs-Schwänze (aus dem Kühlregal, 80 g)
- Sambal Oelek nach Belieben

553 kcal, 72 g KH, 16 g F, 20 g E

Die Reisnudeln nach Packungsanleitung einweichen oder kochen. Die Möhre schälen, putzen und in sehr kleine Würfel schneiden. Den Lauch putzen, längs aufschlitzen, gründlich waschen und ebenfalls sehr klein schneiden.

Den Ingwer schälen und fein würfeln. Das Öl in einer beschichteten Pfanne erhitzen und das vorbereitete Gemüse unter Rühren 4–5 Minuten anbraten – es soll noch recht bissfest sein.

Die Reisnudeln dazugeben, mit Sojasauce ablöschen und die Flusskrebs-Schwänze unterrühren.

Nach Belieben mit Sambal Oelek würzen.

Info

Reisnudeln gibt es verschieden breit, z. B. dünn wie Spaghetti. Je nachdem, ob sie aus Thailand, Indonesien, Korea oder Japan kommen, werden sie unterschiedlich bezeichnet. Manche werden kurz gekocht, andere nur mit heißem Wasser übergossen. Für alle, die an einer Gluten-Unverträglichkeit leiden, sind sie eine prima Alternative.

Fleisch

Hähnchen in Orangensauce mit Sesam

- 50 g Reis
- 1 Hähnchenbrustfilet (ca. 200 g)
- Salz, Pfeffer
- 1 unbehandelte Orange
- 3 Frühlingszwiebeln (ca. 50 g vorbereitet gewogen)
- 1 EL Rapsöl
- 1 EL Sesamsaat

521 kcal, 54 g KH, 8 g F, 53 g E

Den Reis nach Packungsanleitung gar kochen. In der Zwischenzeit das Hähnchenbrustfilet in mundgerechte Stücke schneiden, salzen und pfeffern. Aus der Mitte der Orangen zwei Scheiben abschneiden und zur Dekoration beiseitelegen. Die restliche Frucht auspressen.

Die Frühlingszwiebeln abziehen, putzen und mit viel Grün in Scheiben schneiden.

Das Öl in einer beschichteten Pfanne erhitzen und das Fleisch unter häufigem Wenden goldgelb anbraten. Gegen Ende der Bratzeit die Sesamsaat mitbraten und anschließend mit dem Orangensaft ablöschen. Die Frühlingszwiebeln unterheben, auf einem Teller anrichten und mit den Orangenscheiben dekorieren. Den Reis getrennt dazu reichen.

Info *Ohne den Reis können Sie das Orangenhähnchen auch am Abend essen. Der Reis bringt nämlich allein schon 40 g Kohlenhydrate ins Spiel - was mittags aber nicht so schlimm ist.*

Hähnchenbrust mit grünen Bohnen und Kokosmilch

- 1 Hähnchenbrustfilet (ca. 200 g)
- Salz, Pfeffer
- 200 g grüne Bohnen
- 1 kleiner EL Rapsöl
- ½ kleine Dose Kokosmilch (160 ml Füllgewicht)
- 1–2 TL Zitronensaft
- 1 EL Sesamsaat

569 kcal, 12 g KH, 32 g F, 53 g E

Die Hähnchenbrust in mundgerechte Stücke schneiden und kräftig mit Salz und Pfeffer würzen.
Die Bohnen waschen, putzen und in 3 cm lange Stücke schneiden. In Salzwasser in ca. 10 Minuten bissfest kochen.
In der Zwischenzeit das Öl in einer beschichteten Pfanne erhitzen und das Hähnchenfleisch goldgelb anbraten. Mit der Kokosmilch ablöschen und auf kleiner Flamme einkochen lassen, bis eine cremige Sauce entstanden ist. Mit Salz und Pfeffer und – nach Belieben – mit Zitronensaft abschmecken.
Die Bohnen durch ein Sieb abgießen und unterheben.
In einen tiefen Teller oder eine Schüssel geben und mit Sesam bestreut servieren.

Info

Kokosmilch ist zwar sehr lecker, aber auch recht fett. Deshalb bitte sparsam verwenden! Im Kühlschrank hält sich die geöffnete Dose 2-3 Tage und Sie können sie gut zu Currygerichten verwenden. Eine gute Alternative zur Kokosmilch in Dosen ist Kokospulver, das mit Wasser angerührt wird. Sie bekommen es in Asialäden und sehr gut sortierten Supermärkten.

Asia-Nudelpfanne mit Gemüse und Schweineschnitzel

- 50 g Wan-Tan-Nudeln (ersatzweise Fusilli oder Girandole)
- 50 g Zuckerschoten
- Salz
- 1 kleines Schweineschnitzel oder 2 Minutenschnitzel (ca. 100 g)
- Pfeffer
- 1 kleine Möhre (ca. 75 g)
- 50 g Austernpilze
- 1 Stück Ingwer (walnussgroß)
- 1 rote Peperonischote
- 1 EL Sesamöl
- 1–2 EL Reisessig (ersatzweise weißer Balsamessig)
- Sojasauce nach Belieben

529 kcal, 56 g KH, 22 g F, 24 g E

Die Nudeln nach Packungsanleitung kochen oder einweichen. Die Zuckerschoten in kochendem Salzwasser 3–4 Minuten blanchieren, abgießen und abtropfen lassen.

Das Schweinefleisch in Streifen schneiden und kräftig salzen und pfeffern. Die Möhre schälen, waschen und in kleine Würfel schneiden.

Die Austernpilze – wenn nötig – mit Küchenkrepp oder einer weichen Bürste säubern und klein würfeln.

Den Ingwer schälen und in dünne Stifte schneiden. Die Peperonischote waschen, längs halbieren, die Kerne herauskratzen und das Fruchtfleisch in sehr feine Scheiben schneiden.

Das Sesamöl in einer beschichteten Pfanne erhitzen und das Fleisch kräftig anbraten. Ingwer, Peperonischeiben und Möhrenwürfel dazugeben und 2–3 Minuten unter Rühren weiter braten. Die Pilze einrühren und 1 Minute darin garen lassen.

Die Zuckerschoten und die abgetropften Nudeln unterheben und mit dem Essig ablöschen. Mit Salz und Pfeffer abschmecken. Auf einem tiefen Teller anrichten und die Sojasauce getrennt dazu reichen.

Putengeschnetzeltes mit Mais-Schmorgurke

- 1 Putenschnitzel (ca. 150 g)
- Salz, Pfeffer
- ½ Salatgurke
- 1 EL Öl
- 1 kleine Dose Mais (140 g Abtropfgewicht)
- 75 ml Gemüsebrühe
- 25 ml Sahne zum Kochen (15 % Fett)
- 1 EL Senf
- 1 flacher EL Mehl
- 1 EL gehackter Dill

454 kcal, 28 g KH, 17 g F, 43 g E

Das Putenschnitzel in feine Streifen schneiden und mit Salz und Pfeffer würzen. Die halbe Gurke schälen, längs halbieren und die Kerne herauskratzen. Das Fruchtfleisch in Scheiben schneiden.

Das Öl in einer beschichteten Pfanne erhitzen und das Putenfleisch kräftig goldgelb anbraten. Die Gurkenscheiben dazugeben und unter Rühren anbraten, bis sie glasig geworden sind. Den Mais aus der Dose und die Gemüsebrühe einrühren und 2 Minuten auf kleiner Flamme köcheln lassen.

In der Zwischenzeit aus Sahne, Senf und Mehl eine Paste anrühren und untermischen.

Auf einem Teller anrichten und mit dem Dill bestreut servieren.

Scharfes Rindfleisch mit Zuckerschoten und Spinat

- 60 g Wan-Tan-Nudeln (ersatzweise Fusilli oder Girandole)
- 100 g frischer Spinat oder Pak Choi
- 1 kleines Rindersteak (ca. 100 g)
- Salz, Pfeffer
- 2 Knoblauchzehen
- 1–2 Peperonischoten nach Belieben
- 50 g Zuckerschoten (ersatzweise grüne Bohnen)
- 2 Brokkoliköpfchen
- 1 kleiner EL Rapsöl

540 kcal, 56 g KH, 14 g F, 43 g E

Die Nudeln nach Packungsanleitung kochen oder einweichen.

Den Spinat waschen, verlesen und tropfnass in einen Topf geben. (Alternativ: Pak Choi putzen, in Blätter teilen und waschen.) Zugedeckt auf mittlerer Flamme 2–3 Minuten dünsten, bis er zusammengefallen ist. Beiseitestellen.

Das Steak in Streifen schneiden und salzen und pfeffern. Die Knoblauchzehen abziehen und in Scheiben schneiden. Die Peperonischoten waschen und entweder im Ganzen verwenden oder längs aufschlitzen und die Kerne entfernen – das nimmt ihnen die Schärfe.

Die Zuckerschoten waschen, die Brokkoliköpfchen halbieren. Salzwasser zum Kochen bringen und die Zuckerschoten 2–3 Minuten blanchieren. Dann den Brokkoli dazugeben und noch 1 Minute blanchieren. Durch ein Sieb abgießen und im Topf zugedeckt beiseitestellen.

Das Öl in einer beschichteten Pfanne (oder in einem Wok) erhitzen und das Fleisch zusammen mit den Knoblauchscheiben kräftig anbraten. Die gut abgetropften Nudeln und die Peperonischoten unterrühren und 1 Minute mitbraten. Das Gemüse unterheben und kurz durchziehen lassen.

Paprika-Reisfleisch

- 80 g Naturreis
- 50 g TK-Erbsen
- 150 g Rinder- oder Schweinefilet
- Salz, Pfeffer
- 1–2 Knoblauchzehen
- 1 Peperonischote
- 1 kleine Möhre
- 1 EL Rapsöl
- 1 EL Paprikapulver (edelsüß oder rosenscharf)
- 150 ml Gemüsebrühe
- 1 EL Zitronensaft

561 kcal, 52 g KH, 19 g F, 41 g E

Den Naturreis nach Packungsanleitung kochen. Die Erbsen antauen lassen. Das Fleisch in feine Scheiben schnetzeln, kräftig salzen und pfeffern.
Die Knoblauchzehen abziehen und fein würfeln. Die Peperonischote waschen, putzen, längs aufschlitzen und die Kerne und Scheidewände entfernen. Das Fruchtfleisch klein würfeln. Die Möhre schälen, waschen, längs halbieren und in Scheiben schneiden.
Das Öl in einer hohen beschichteten Pfanne erhitzen und das Fleisch mit dem Knoblauch unter Rühren etwa 3 Minuten anbraten. Möhre und Peperoni dazugeben und weitere 3–4 Minuten mitbraten.
Das Paprikapulver unterrühren und sofort mit der Brühe ablöschen. Die Erbsen und den Reis dazugeben und alles bei schwacher Hitze etwa 5 Minuten durchziehen lassen.
Mit Salz, Pfeffer und Zitronensaft abschmecken.

Gebratenes Schweinesteak auf Möhren

- 1 Schweinesteak oder 2 Schweine-Minutenschnitzel (ca. 150 g)
- 1 Stück Ingwer (walnussgroß)
- 2 EL Sojasauce
- 1 kleine rote Zwiebel
- 2 Möhren (etwa 200 g)
- 100 g Soja- oder Mungobohnensprossen
- 2 kleine EL Rapsöl
- 100 ml Gemüsebrühe
- Salz, Pfeffer
- 2 EL gehackte Petersilie

407 kcal, 28 g KH, 25 g F, 22 g E

Das Schweinefleisch in dünne Scheiben schnetzeln. Den Ingwer schälen, fein würfeln und in einem tiefen Teller mit der Sojasauce verrühren. Das Fleisch darin wenden und zugedeckt ½ Stunde marinieren.

Die Zwiebel abziehen, halbieren und in Ringe schneiden. Die Möhren schälen, waschen und in dünne Stifte schneiden. Die Sprossen waschen und gut abtropfen lassen.

Das Fleisch abtropfen lassen (die Marinade dabei auffangen) und mit Küchenkrepp trockentupfen. 1 EL Öl in einer beschichteten Pfanne (oder einem Wok) erhitzen und das Fleisch scharf anbraten. Mit einer Schaumkelle herausnehmen und beiseitestellen.

Das restliche Öl erhitzen und Zwiebel und Möhren unter Rühren 2–3 Minuten anbraten. Mit der Marinade und der Gemüsebrühe ablöschen und 5 Minuten schmoren.

Das Fleisch und die Sprossen unterrühren, mit Salz und Pfeffer und eventuell noch etwas Sojasauce pikant abschmecken.

Mit der Petersilie bestreut servieren.

Abendessen

Müde? Erschöpft vom Tagespensum? Keine Lust zu kochen? Wir haben bei den Rezeptvorschlägen für Ihr Abendessen darauf geachtet, dass alles ganz fix geht. Nur wenige Zutaten, kurze Kochzeiten, wenig Geschirr zum Abwaschen – da stellt sich auch der Kochmuffel noch gerne in die Küche. Die Gerichte haben wenig Kalorien, dennoch sind die Portionen groß genug, damit Sie nicht hungrig zu Bett müssen. Wir haben darauf geachtet, mit niedrigen Kohlenhydratwerten auszukommen, und punkten dafür mit viel, viel Eiweiß. Das setzt Ihren Fettzellen zu, während Sie schlafen.

Für die Nudelfans haben wir mit einer asiatischen Nudelsorte experimentiert, die beinahe kohlenhydratefrei ist: Shirataki-Nudeln, die aus der Konjak-Wurzel hergestellt werden. Sie bekommen sie in manchen Reformhäusern und Bioläden, auf jeden Fall aber im Asialaden. Zugegeben: Mit italienischer Pasta ist sie nicht ganz vergleichbar, macht aber ein gutes Mundgefühl und bringt Abwechslung auf den Teller.

Unter dem Rezeptnamen finden Sie Angaben zu den enthaltenen Kilokalorien (kcal), Kohlenhydraten (KH), Fett (F) und Eiweiß (E).

Die Mengenangaben gelten für eine Portion.

Salate und Gemüsegerichte

Salatmix auf Roastbeef

- 1 kleiner Radicchio
- 25 g Rucola
- 3 Blätter Friséesalat
- 2 große Radieschen
- 2 EL Apfelessig
- Salz, Pfeffer
- 1 EL Olivenöl oder Walnussöl
- 100 g Roastbeef in dünnen Scheiben
- 1 Frühlingszwiebel im Ganzen oder in Scheiben

296 kcal, 5 g KH, 19 g F, 24 g E

Den Radicchio in Blätter teilen. Die Salate waschen und gut trockenschleudern. Die Radieschen waschen, putzen und in dünne Scheiben schneiden. Aus Essig, Salz, Pfeffer und Oliven- oder Walnussöl mit dem Schneebesen eine Marinade rühren und die Salatblätter darin wenden.
Das Roastbeef auf einem Teller verteilen, den Salat daraufsetzen und mit Radieschen und Frühlingszwiebel dekoriert servieren.

Tipp

In Supermärkten gibt es im Kühlregal Mischsalate, abgepackt zu 150 g. Das ist genau das Richtige für dieses und das folgende Rezept. Je nach Saison enthalten die Packungen 3-5 verschiedene Zutaten, so dass Sie immer Abwechslung auf Ihren Salatteller bekommen.

Schweinefilet auf Salatmix

- 3 Scheiben Schweinefilet (ca. 150 g)
- Salz, Pfeffer aus der Mühle
- 25 g Rucola
- 5 Blätter Eisbergsalat
- 1 Tomate
- 2 kleine EL Olivenöl
- 2 EL weißer Balsamessig
- 6 schwarze, entsteinte Oliven

396 kcal, 5 g KH, 25 g F, 35 g E

Das Fleisch eventuell von Sehnen befreien und behutsam (mit dem Handballen) plattieren. Mit Salz und Pfeffer aus der Mühle würzen.
Rucola und Eisbergsalat waschen, gut abtropfen lassen und in mundgerechte Stücke zupfen. Die Tomate halbieren, den Stielansatz entfernen und die Frucht in Spalten schneiden.

1 EL Öl in einer kleinen beschichteten Pfanne erhitzen und die Filets von beiden Seiten je 2 Minuten goldgelb anbraten. Mit etwas Wasser ablöschen und kurz im Dampf ziehen lassen. Herausnehmen und in Alufolie gewickelt beiseitestellen.
Aus dem Bratensatz, dem übrigen Öl, Balsamessig und Salz und Pfeffer mit dem Schneebesen eine Marinade rühren und den Salat darin wenden.
Auf einen Teller geben, die Schweinefilets aus der Alufolie nehmen und auf den Salat legen und mit den Oliven dekoriert servieren.

Pfifferlinge in Thymian-Vinaigrette

- 150 g Pfifferlinge
- 3 Stängel Thymian
- 2 EL weißer Essig
- Salz, Pfeffer
- 1 EL Walnussöl
- 1 kleine Schalotte
- 1 TL Rapsöl
- 1 EL Schnittlauchröllchen

Tipp *Pfifferlinge sollte man nicht waschen, das nimmt ihnen ihr feines Aroma. Am besten nur mit Küchenkrepp oder einer weichen Bürste säubern.*

216 kcal, 0 g KH, 22 g F, 4 g E

Die Pfifferlinge mit Küchenkrepp vorsichtig abreiben und putzen. Größere Pilze halbieren oder vierteln.
Für die Vinaigrette die Thymianblättchen von den Stielen zupfen und mit Essig, Salz und Pfeffer verrühren. Mit dem Nussöl zu einer cremigen Sauce aufschlagen.
Die Schalotte abziehen und klein würfeln. Das Öl in einer beschichteten Pfanne erhitzen und die Schalottenwürfel glasig dünsten. Die Pfifferlinge dazugeben und kräftig anbraten. Wenn sie anfangen, Wasser zu ziehen, vom Herd nehmen und mit der Vinaigrette ablöschen.
Mit Schnittlauch bestreut servieren.

Fenchelsalat mit Lachsstreifen

- 1 Fenchelknolle (ca. 200 g)
- Salz
- 1 TL Senfsaat
- 1 EL Zitronensaft
- Pfeffer
- 1 EL Walnussöl
- 100 g geräucherter Lachs
- 1 Zweig frische Minze

451 kcal, 11 g KH, 33 g F, 33 g E

Tipp *Gut zum Fenchel passen zur Abwechslung auch Korianderkörner.*

Die Fenchelknolle waschen und putzen. Die äußeren Blätter – wenn nötig – dünn abschälen. In Blätter teilen und in Streifen schneiden.
Reichlich Salzwasser zum Kochen bringen und die Fenchelstreifen darin 1 Minute blanchieren. Durch ein Sieb abgießen, kalt abschrecken und gut abtropfen lassen. Die Senfsaat im Mörser zerstoßen oder mit einem scharfen Messer hacken.
Aus Zitronensaft, Salz, Pfeffer und Walnussöl eine cremige Marinade rühren und mit den Fenchelstreifen vermischen. Etwas ziehen lassen.
Den Lachs in dünne Streifen schneiden, einige Minzeblättchen fein hacken. Beides unter den Fenchel heben und auf einem Teller anrichten. Mit der gehackten Senfsaat bestreut servieren.

Avocado-Thunfisch-Salat

- 1 Dose Thunfisch in Wasser (150 g Abtropfgewicht)
- ½ reife Avocado (ca. 100 g vorbereitet gewogen)
- ½ rote Zwiebel
- Saft von ½ Zitrone
- Salz, Pfeffer
- 1 TL scharfer Senf
- 1 EL Olivenöl
- 1 EL frisch gehackter Dill

472 kcal, 10 g KH, 31 g F, 40 g E

Den Thunfisch aus der Dose in ein Sieb geben und gut abtropfen lassen. Die Avocado längs halbieren, den Kern entfernen, das Fruchtfleisch aus der Schale heben und würfeln. Die Zwiebel abziehen und in sehr feine Ringe oder Würfel schneiden.

Aus Zitronensaft, Salz, Pfeffer, Senf und Olivenöl mit dem Schneebesen eine cremige Marinade rühren und die Salatzutaten damit vermischen. 15 Minuten zugedeckt durchziehen lassen. Vor dem Servieren mit dem frisch gehackten Dill bestreuen.

Gemüse-Eierkuchen mit Salat

- 50 g frischer oder tiefgekühlter Blattspinat
- 1 kleine Möhre
- 2–3 Röschen Blumenkohl (100 g)
- Salz
- ½ rote oder gelbe Paprikaschote
- 3 Eier
- 1 EL saure Sahne
- 2 EL Mineralwasser
- Pfeffer
- 15 g Butter

Für den Salat:

- 3 Cherry-Tomaten
- 25 g Rucola
- 2 EL weißer Essig
- Pfeffer aus der Mühle

462 kcal, 17 g KH, 33 g F, 30 g E

Den Spinat waschen, verlesen und grob hacken. Tiefgekühlten Spinat auftauen lassen.

Die Möhre schälen, putzen und in Streifen schneiden. Die Blumenkohlröschen und Möhrenstreifen in Salzwasser weich kochen. Die Paprikaschote waschen, putzen und in Streifen schneiden.

Die Eier mit der sauren Sahne, dem Mineralwasser und Salz und Pfeffer verquirlen. Die Butter in einer beschichteten kleinen Pfanne (ca. 15 cm Durchmesser am Boden) erhitzen Blumenkohl, Möhren, Spinat und die Hälfte der Paprikastreifen 2 Minuten andünsten. Die Eimasse darübergießen und bei milder Hitze zugedeckt stocken lassen.

In der Zwischenzeit die Tomaten halbieren und mit den restlichen Paprikastreifen und dem Rucola vermischen. Auf einem Teller anrichten, mit dem Essig beträufeln und mit Pfeffer aus der Mühle bestreuen.

Den Eierkuchen halbieren oder vierteln und neben dem Salat anrichten.

Gratin von Blumenkohl und Brokkoli

- je 150 g Brokkoli- und Blumenkohlröschen
- Salz
- 2 Eier
- 50 g geriebener mittelalter Gouda
- 75 ml Milch
- Pfeffer
- frisch geriebene Muskatnuss
- 1 TL Butter

500 kcal, 13 g KH, 32 g F, 41 g E

Tipp *Noch Platz in der Kalorienbilanz? Streuen Sie vor dem Backen 25 g Schinkenwürfel über das Gemüse.*

Den Backofen auf 200° C vorheizen. Blumenkohl und Brokkoli in etwa gleich große Röschen teilen. Stiele – wenn vorhanden – klein schneiden.
In reichlich Salzwasser zuerst die Stiele, dann die Röschen bissfest kochen. Durch ein Sieb abgießen und gut abtropfen lassen.
In der Zwischenzeit die Eier verquirlen und mit dem Gouda und der Milch vermischen. Mit Salz, Pfeffer und Muskatnuss würzen.
Eine feuerfeste Form (ca. 18 cm Durchmesser) mit Butter ausstreichen, das Gemüse hineingeben und mit der Eiermilch übergießen. 20 Minuten im vorgeheizten Backofen backen, bis sich eine goldgelbe Kruste gebildet hat.

Auberginen-Tomaten-Lasagne

- 1 mittelgroße Aubergine (ca. 300 g)
- Salz
- 1 Schalotte
- 1 Tomate (150 g)
- 5 Cocktailtomaten
- 1 EL Olivenöl
- 1 EL Tomatenmark
- 1 Zweig Rosmarin
- Pfeffer
- 2 Scheiben Schmelzkäse (z. B. junger Gouda)
- 5 Blätter frisches Basilikum

484 kcal, 17 g KH, 36 g F, 24 g E

Die Aubergine waschen, putzen und längs in 6 etwa 1 cm dicke Scheiben schneiden. In eine flache Schüssel geben, reichlich salzen und zugedeckt mindestens ½ Stunde ziehen lassen, damit sich die Bitterstoffe lösen können und das Fruchtfleisch schon ein wenig weich wird.

Den Backofen auf 180° C vorheizen.

Die Schalotte abziehen und fein würfeln. Die Tomate waschen, den Stielansatz entfernen und das Fruchtfleisch würfeln. Die Cocktailtomaten waschen und vierteln.

Das Olivenöl in einem kleinen Topf erhitzen und die Schalotte andünsten. Das Tomatenmark dazugeben und kurz mitrösten. Mit 50 ml Wasser ablöschen, die Tomatenwürfel einrühren, den Rosmarinzweig dazugeben und auf kleiner Flamme sämig einkochen lassen. Mit Salz und Pfeffer abschmecken und die Cocktailtomaten unterheben.

Die Auberginenscheiben gut ausdrücken und trockentupfen. Die zwei dicksten Scheiben als »Boden« in eine feuerfeste Form geben. 1/3 der Tomatensauce darauf verteilen, 2 weitere Auberginenscheiben auf die Sauce legen, wieder Tomatensauce und zum Schluss die beiden äußeren Scheiben der Aubergine als »Deckel« daraufsetzen. Die restliche Tomatensauce darübergeben und mit den Käsescheiben belegen.
Im vorgeheizten Backofen bei 180° C 30 Minuten backen, bis der Käse geschmolzen und leicht goldgelb ist. Das Basilikum in Streifen schneiden und über die fertige Lasagne streuen. In der Form servieren.

Austernpilze unter Kräuterhaube

- 4 große Austernpilze (zusammen ca. 200 g)
- 3 EL frisch gehackte oder 2 EL tiefgekühlte Kräuter
- 1 EL Semmelbrösel
- 1 EL abgeriebene Schale einer unbehandelten Orange
- 2 EL frisch geriebener Parmesan
- 1–2 Knoblauchzehen
- Salz, Pfeffer
- 2 EL Olivenöl
- etwas Zitronensaft
- 1 EL gehackte Petersilie

358 kcal, 10 g KH, 29 g F, 16 g E

Den Grill des Backofens vorheizen.
Die Pilze mit einer weichen Bürste putzen. Die Kräuter, Semmelbrösel, Orangenschale und Parmesan verrühren. Die Knoblauchzehen abziehen und durch eine Presse zu der Mischung drücken. Mit Salz und Pfeffer abschmecken und das Olivenöl einrühren, so dass eine geschmeidige Paste entsteht.
Die Pilze in eine feuerfeste Form geben und die Paste darauf verstreichen. Im Grill überbacken, bis die Kruste Farbe angenommen hat.
Vor dem Servieren mit dem Zitronensaft beträufeln und mit der gehackten Petersilie bestreuen.

Gebratene Champignons

- 250 g weiße oder braune Champignons
- 1 Bund Frühlingszwiebeln (50 g vorbereitet gewogen)
- 1 EL Butter
- 1 EL weiße Balsamessig-Creme
- grobes Meersalz
- Pfeffer aus der Mühle

156 kcal, 9 g KH, 9 g F, 8 g E

Tipp *Um Ihre Eiweißbilanz ein bisschen aufzupeppen, könnten Sie sich zu den Champignons noch ein Stück Fleisch oder Fisch braten.*

Die Champignons behutsam mit Küchenkrepp abreiben und putzen. Die größeren Pilze vierteln, sonst halbieren. Die Frühlingszwiebeln abziehen, putzen und mit viel Grün in 1 cm lange Röllchen schneiden. Die Butter in einer beschichteten Pfanne stark erhitzen und die Pilze mit den Frühlingszwiebeln hineingeben. Unter gelegentlichem Rühren anbraten, bis die Pilze beginnen Wasser zu ziehen. Mit der Balsamessig-Creme ablöschen und gleich in einen tiefen Teller geben. Mit Meersalz und frischem Pfeffer aus der Mühle bestreut servieren.

Überbackener Fenchel

- 1 große oder 2 kleine Fenchelknollen (etwa 400 g)
- Salz
- 50 g fein geraspelter Parmesan
- 30 g Crème légère oder saure Sahne
- etwas Milch
- Pfeffer
- Butter für die Form

372 kcal, 26 g KH, 24 g F, 27 g E

Die Fenchelknolle putzen, die harten Stiele entfernen und die äußeren Blätter – wenn nötig – mit einem Sparschäler abschälen. Das Fenchelgrün hacken und beiseitelegen.
Salzwasser zum Kochen bringen und die Fenchelhälften mit den Schnittflächen nach oben 15 Minuten bei milder Hitze weich kochen.
Den Backofen auf 200° C vorheizen.
In der Zwischenzeit den Parmesan mit der Crème légère oder der sauren Sahne vermischen. Etwas Milch dazugeben, so dass eine geschmeidige Creme entsteht. Mit Salz und Pfeffer würzen. Eine feuerfeste Form dünn mit Butter einfetten.
Die Fenchelhälften gut abtropfen lassen, in Spalten schneiden, in die Form geben und mit der Käsesauce übergießen.
Im vorgeheizten Backofen 10 Minuten backen, bis der Käse geschmolzen ist. Dann den Grill zuschalten und goldgelb fertig backen. Mit dem Fenchelgrün bestreut servieren.

Curry-Blumenkohl in Kokosmilch

- ½ Blumenkohl (ca. 250 g) oder TK-Blumenkohlröschen
- Salz
- 1 kleine rote Zwiebel
- 1 Knoblauchzehe
- 1 EL Butter
- 1 EL Madras-Currypulver
- ½ kleine Dose Kokosmilch (übrig von der Hähnchenbrust mit grünen Bohnen und Kokosmilch, Seite 94)
- 100 g fettarmer Joghurt
- 1 EL frisch gehackte Petersilie oder Koriander

409 kcal, 13 g KH, 33 g F, 14 g E

Den Blumenkohl in Röschen teilen und etwa 3 Minuten in kochendem Salzwasser blanchieren. Herausnehmen und gut abtropfen lassen. (Tiefgekühlten Blumenkohl nur auftauen lassen.)
Die Zwiebel und den Knoblauch abziehen und fein hacken.
Die Butter in einer beschichteten Pfanne erhitzen und Zwiebel und Knoblauch 3 Minuten unter Rühren goldgelb anbraten. Zum Schluss das Currypulver kurz mitrösten und mit 50 ml Wasser ablöschen. Die Kokosmilch dazugeben und aufkochen lassen.
Das vorgekochte Gemüse in die Sauce geben und offen 5–6 Minuten auf kleiner Flamme dünsten. Der Blumenkohl soll noch bissfest bleiben.
Den Joghurt mit etwas Salz cremig rühren.
Den Curry-Blumenkohl auf einem tiefen Teller anrichten, den Joghurt darüberlöffeln und mit Petersilie oder Koriander bestreut servieren.

Pfannengerührter Rosenkohl mit Pilzen

- 250 g Rosenkohl (ergibt ca. 220 g geputzt gewogen)
- 150 g Pilze (z. B. Steinpilze)
- 1 kleine Zwiebel
- 2 kleine EL Olivenöl (20 ml)
- Salz, Pfeffer
- 2 EL fein gehackter Dill (oder 1 EL TK-Dill)

367 kcal, 18 g KH, 27 g F, 15 g E

Tipp *Gut macht sich auch ein Klecks Dill-Joghurt obenauf: 75 ml fettarmen Joghurt mit Salz abschmecken und den Dill unterrühren.*

Den Rosenkohl putzen und größere Röschen halbieren. Die Pilze – wenn nötig – mit einer weichen Bürste vorsichtig putzen. Die Stiele in etwa ½ cm große Würfel schneiden, die Köpfchen in Scheiben schneiden. Die Zwiebel abziehen und in dünne Scheiben schneiden.

Das Öl in einer beschichteten Pfanne erhitzen und den Rosenkohl bei milder Hitze unter Rühren 7–8 Minuten goldgelb anbraten. Die Zwiebelringe dazugeben und etwa 3 Minuten weiterrühren, bis sie Farbe angenommen haben.

Dann die Pilze dazugeben und so lange braten, bis sie glasig geworden sind. Mit Salz und Pfeffer würzen und mit dem Dill bestreut servieren.

Überbackene gefüllte Tomaten

- 2 kleinere Fleischtomaten (zusammen etwa 300 g)
- 2 Schalotten
- 1–2 Knoblauchzehen
- 2 Sardellenfilets
- ½ Kugel Mozzarella (evtl. übrig von der Lauchcreme-Suppe mit Mozzarella, Seite 120)
- 6 schwarze, entsteinte Oliven
- 1 kleiner EL Olivenöl
- 2 EL gehackte Petersilie
- 1 EL Thymianblättchen
- 2 EL geriebener Parmesan
- Salz, Pfeffer
- etwas Fett für die Form

436 kcal, 20 g KH, 30 g F, 23 g E

Die Tomaten waschen, an der runden Seite einen Deckel abschneiden und mit einem Teelöffel aushöhlen. Die Kerne entfernen und das Fruchtfleisch klein hacken. Die Tomaten zum Abtropfen mit der offenen Seite nach unten auf ein Sieb legen.

Die Schalotten und Knoblauchzehen abziehen und fein hacken. Die Sardellenfilets kalt abspülen, trockentupfen und in feine Streifen schneiden. Die Oliven in feine Ringe schneiden. Vom Mozzarella 2 Scheiben abschneiden und den Rest klein würfeln.

Den Backofen auf 200° C vorheizen.

Für die Füllung das Öl in einer beschichteten Pfanne erhitzen und die Schalotten glasig werden lassen. Den Knoblauch und die Petersilie dazugeben und 2 Minuten unter Rühren dünsten. Die Sardellen und das Tomatenfruchtfleisch einrühren und auf kleiner Flamme köcheln lassen, bis alle Flüssigkeit verdampft ist.

Oliven, Thymian, Parmesan und klein geschnittenen Mozzarella untermischen und mit Salz und Pfeffer abschmecken.

Eine kleine feuerfeste Form mit einem Pinsel dünn einfetten. Die Tomaten mit der Gemüse-Sardellen-Mischung füllen, in die Form setzen und die Mozzarellascheiben obenauf legen. Im vorgeheizten Backofen 20 Minuten backen, bis der Mozzarella geschmolzen und an der Oberfläche goldbraun ist.

Spinat mit Mozzarella überbacken

- 400 g frischer oder 250 g tiefgekühlter Blattspinat
- 2 Frühlingszwiebeln
- 1 EL Butter
- 25 g Rohschinkenwürfel
- frisch geriebene Muskatnuss
- ½ TL Zimt
- Salz, Pfeffer
- 1 Kugel Mozzarella

474 kcal, 9 g KH, 33 g F, 38 g E

Tipp

Etwas mehr »Biss« bekommt das Gericht, wenn Sie noch 15 g gehackte und geröstete Haselnüsse oder Cashewkerne unter den Spinat mischen.

Den Backofen auf 200° C vorheizen. Den frischen Spinat waschen und verlesen. (Tiefgekühlten Spinat auftauen lassen.)
Die Frühlingszwiebeln abziehen und in feine Ringe schneiden.
Die Butter in einem Topf erhitzen und die Zwiebelringe und 20 g der Schinkenwürfel andünsten. Den tropfnassen Spinat dazugeben und zugedeckt dämpfen, bis die Blätter zusammengefallen sind.
Mit Muskatnuss und Zimt würzen und mit Salz und Pfeffer abschmecken.
Den Spinat in eine feuerfeste Form geben. Den Mozzarella in dünne Scheiben schneiden, auf den Spinat legen und mit den restlichen Schinkenwürfeln bestreuen.
Im vorgeheizten Backofen bei 200° C auf der mittleren Schiene 20–25 Minuten backen, bis der Käse geschmolzen und goldgelb ist.

Mangold mit Tomaten und Gorgonzola

- ½ Staude Mangold (ca. 250 g)
- 1 Schalotte
- 1 große Tomate
- 3 Walnüsse (8 g Walnusskerne)
- 1 EL Olivenöl
- 25 g Gorgonzola
- Salz, Pfeffer

309 kcal, 13 g KH, 24 g F, 12 g E

Die Mangoldblätter von der Staude lösen, waschen, gut trockenschütteln und putzen.
Die harten Stiele keilförmig heraustrennen und in Streifen schneiden. Die Blätter grob hacken. Die Schalotte abziehen und in Ringe schneiden. Die Tomate waschen, halbieren, den Stielansatz herausschneiden und das Fruchtfleisch würfeln. Die Walnüsse hacken.
Das Olivenöl in einer beschichteten Pfanne erhitzen und die Streifen der Mangoldstiele und die Schalottenringe unter Rühren 3–4 Minuten anbraten, bis das Gemüse bissfest ist und etwas Farbe angenommen hat. Die Tomatenwürfel und Mangoldblätter dazugeben und rühren, bis sie weich geworden sind.
Den Gorgonzola mit einer Gabel zerdrücken und unterrühren. Mit Salz und Pfeffer abschmecken und mit den gehackten Walnüssen bestreut servieren.

Suppen

Hähnchen-Pilz-Suppe

- 1 kleines Hähnchenbrustfilet (etwa 150 g) oder Hähnchenschnitzel
- 2 Frühlingszwiebeln
- 2 Cherry-Tomaten
- 1 EL Butter
- 1 Glas Pilzfond (400 ml)
- 125 g Shiitake-Pilze
- Salz, Pfeffer
- 1 EL gehackte Petersilie

278 kcal, 4 g KH, 11 g F, 38 g E

Das Hähnchenbrustfilet in etwa 1 cm große Würfel schneiden. Die Frühlingszwiebeln abziehen und in kleine Würfel schneiden. Die Tomaten waschen, vierteln und die Kerne entfernen.
Die Butter in einem kleinen Topf erhitzen und die Zwiebelwürfel unter Rühren glasig dünsten. Mit dem Pilzfond aufgießen und aufkochen lassen. Das Fleisch dazugeben und bei kleiner Hitze 10 Minuten simmern lassen.
In der Zwischenzeit die Pilze – wenn nötig – mit einer weichen Bürste putzen und die Stiele herausknipsen und wegwerfen. Die größeren Köpfchen in die Hälfte brechen.
Die Pilze in die Suppe geben und weitere 5 Minuten simmern lassen. Mit Salz und Pfeffer abschmecken und mit der Petersilie bestreut servieren.

Lauchcreme-Suppe mit Mozzarella

- 1 kleine Stange Lauch
- 1 Schalotte
- 1 EL Rapsöl
- 250 ml Gemüsebrühe
- 50 ml Sahne zum Kochen (7 % Fett)
- Salz, Pfeffer
- etwas Limetten- oder Zitronensaft
- ½ Kugel Mozzarella (evtl. übrig von den Überbackenen gefüllten Tomaten, Seite 116)

405 kcal, 8 g KH, 31 g F, 15 g E

Den Lauch putzen, längs aufschlitzen und gründlich waschen. In Scheiben schneiden. Die Schalotte abziehen, längs halbieren und in Ringe schneiden. Das Öl in einem kleinen Topf erhitzen und Schalotte und Lauch kurz anrösten. Mit der Brühe aufgießen und 10–12 Minuten auf kleiner Flamme köcheln lassen, bis der Lauch weich ist.
Mit einem Pürierstab fein pürieren und die Sahne angießen.
Mit Salz, Pfeffer und Limetten- oder Zitronensaft pikant abschmecken.
Den Mozzarella würfeln und 2/3 davon in die Suppe geben und warm werden lassen.
Die Suppe in einem tiefen Teller anrichten und die restlichen Mozzarellawürfel in die Mitte setzen.

Champignoncreme mit Lachs

- 75 g frisches Lachsfilet
- etwas Zitronensaft
- 100 g weiße Champignons
- 1 Schalotte
- 1 EL Butter
- 200 ml Kalbsfond (aus dem Glas)
- 75 ml Sahne zum Kochen (7 % Fett)
- Salz, Pfeffer
- 1 EL gehackter Dill

341 kcal, 8 g KH, 16 g F, 24 g E

Das Lachsfilet in Streifen schneiden und mit Zitronensaft beträufelt ziehen lassen.

In der Zwischenzeit die Champignons – wenn nötig – mit einer weichen Bürste oder Küchenkrepp säubern. Je nach Größe halbieren oder vierteln. Die Schalotte abziehen und würfeln.

Die Butter in einem kleinen beschichteten Topf stark erhitzen und die Schalottenwürfel mit den Champignons anrösten. Mit dem Fond aufgießen und auf kleiner Flamme köcheln lassen, bis die Champignons sehr weich sind.

Mit einem Pürierstab fein pürieren und die Sahne dazugießen. Mit Salz und Pfeffer abschmecken.

Die Lachsstreifen trockentupfen und in der Suppe 5 Minuten gar ziehen lassen. In einen tiefen Teller geben und mit dem Dill bestreut servieren.

Saure Sahne-Suppe mit Nordsee-Krabben

- 1 TL Kümmel
- 1 hart gekochtes Ei
- 1 Glas Kalbsfond (200 ml)
- 1 Döschen Safran
- 100 ml saure Sahne
- 3 EL gehackter Dill
- Salz, Pfeffer
- 100 g Nordsee-Krabben (aus dem Kühlregal)

408 kcal, 7 g KH, 22 g F, 41 g E

Info *Kümmel entfaltet sein ganzes Aroma, wenn ganze oder gehackte Körner verwendet werden. Gemahlener Kümmel verliert sehr schnell das Aroma, wenn die Packung einmal geöffnet ist.*

Den Kümmel hacken. Das Ei pellen und halbieren. Den Eidotter herausnehmen und mit einer Gabel zerdrücken. Das Eiweiß fein hacken. Kümmel mit dem Safran im Kalbsfond zum Kochen bringen. Das Eigelb mit einem Schneebesen einrühren. 2 EL Dill, das gehackte Eiweiß und die saure Sahne in die Suppe geben und nicht mehr kochen lassen. Mit Salz und Pfeffer abschmecken. Die Krabben in der Suppe erwärmen und mit dem restlichen Dill bestreut servieren.

Rucolacreme-Suppe mit Schinkenwürfeln

- 50 g Rucola
- 1 kleine Zwiebel
- 1 EL Butter
- 250 ml Gemüsebrühe
- 50 ml Sahne zum Kochen (7 % Fett)
- Salz, Pfeffer
- 25 g Schinkenspeck in Würfel geschnitten
- 2 EL saure Sahne

234 kcal, 8 g KH, 21 g F, 12 g E

Die Rucolablätter waschen und verlesen. Einige Blätter für die Dekoration beiseitelegen. Die restlichen Blätter grob hacken. Die Zwiebel abziehen und fein hacken. Die Butter in einem beschichteten Topf erhitzen und die Zwiebelwürfel darin goldgelb anbraten. Den gehackten Rucola dazugeben und die Brühe angießen. 10 Minuten bei milder Hitze köcheln lassen, bis der Rucola sehr weich ist. Mit dem Pürierstab fein pürieren und die Sahne einrühren. Mit Salz und Pfeffer abschmecken. Die Schinkenspeckwürfel in einer beschichteten Pfanne knusprig braten. Die Suppe in einem tiefen Teller anrichten und die saure Sahne in die Mitte löffeln. Mit den Speckwürfeln bestreuen und mit den Rucolablättern dekoriert servieren.

Variante *Dieses Rezept können Sie auch mit Kresse zubereiten. Sie brauchen dafür 2 Kästchen Gartenkresse. Besonders fein wird diese Variante, wenn Sie statt der Gemüsebrühe 200 ml Rinder- oder Kalbsfond (aus dem Glas) verwenden.*

Tomatensuppe mit Mangold und Konjak-Nudeln

- 1 Frühlingszwiebel
- 2 Tomaten
- 4 Blätter Mangold (etwa 75 g)
- 1 kleiner EL Olivenöl
- 1 EL Tomatenmark
- 250 ml Gemüsebrühe
- Salz, Pfeffer
- 100 g Konjak-Nudeln (Asialaden)

166 kcal, 12 g KH, 9 g F, 5 g E

Info *Konjak ist eine asiatische Wurzel, aus der ein Mehl gewonnen wird, das kaum verwertbare Kohlenhydrate enthält. Daraus zubereitete Nudeln werden im Handel unter den Namen Konjak-Nudeln oder Shirataki-Nudeln angeboten.*

Die Frühlingszwiebel abziehen und in feine Ringe schneiden. Die Tomaten heiß überbrühen, kalt abschrecken und schälen. Vierteln, die Stielansätze und die Kerne entfernen und das Fruchtfleisch in Würfel schneiden. Die Mangoldblätter waschen und trockenschütteln. Die Stiele keilförmig herausschneiden und in feine Streifen schneiden. Die Blätter grob hacken.

Das Olivenöl in einem kleinen Topf erhitzen und die Frühlingszwiebel goldgelb anbraten. Das Tomatenmark dazugeben und kurz mitrösten. Die Gemüsebrühe angießen, die Mangoldstiele zur Suppe geben und auf kleiner Flamme köcheln lassen, bis sie weich sind. Dann die Mangoldblätter und die Tomatenwürfel dazugeben und noch 3 Minuten leicht köcheln lassen. Mit Salz und Pfeffer abschmecken.

Tipp *Da diese würzige Suppe sehr wenig Kalorien hat, aber auch wenig Eiweiß auf die Waage bringt, können Sie nach Belieben Parmesan, ein Hähnchenbrustfilet oder auch mal beides dazu essen. Das Hähnchenbrustfilet einfach in kleine Würfel schneiden und schon zusammen mit dem Mangoldstielen in der Suppe kochen. Den Parmesan fein raspeln und darüberstreuen.*

In der Zwischenzeit die Konjak-Nudeln nach Packungsanleitung zubereiten, durch ein Sieb abgießen und in einen tiefen Teller geben. Die Suppe darüberschöpfen und gleich heiß servieren.

Fleisch

Hähnchen-Geschnetzeltes mit Tomaten

- 1 Hähnchenbrustfilet (ca. 150 g)
- Salz, Pfeffer
- 1 TL Ras el-Hanout
- 1 große Fleischtomate (ca. 250 g)
- ½ grüne Paprikaschote
- 1 EL Rapsöl
- 3 EL gehackte Petersilie

384 kcal, 14 g KH, 18 g F, 40 g E

Das Hähnchenbrustfilet quer in Streifen schneiden und mit Salz, Pfeffer und Ras el-Hanout einreiben. Die Tomate waschen, halbieren, den Stielansatz entfernen und das Fruchtfleisch würfeln. Die Paprikaschote waschen, putzen und quer in Streifen schneiden. (Die restliche Hälfte können Sie zum Beispiel für das Schweinegeschnetzelte auf Seite 130 verwenden.)

Das Rapsöl in einer beschichteten Pfanne erhitzen und das Fleisch mit den Paprikastreifen bei starker Hitze scharf anbraten. Die Tomatenwürfel dazugeben und bei geringer Hitze zugedeckt ca. 5 Minuten schmoren lassen. Wenn nötig ein wenig Wasser nachgießen.

Auf einem Teller anrichten und mit der gehackten Petersilie bestreut servieren.

Info

Ras el-Hanout, die marokkanische Gewürzmischung, haben wir schon für den Grünen Paprika mit Couscous und Apfel (Mittagsgerichte, Seite 82) verwendet. Es verleiht diesem einfachen Geschnetzelten einen gewissen orientalischen Touch. Wenn Sie gerne scharf essen, kommt hier auch Harissa als Gewürz in Frage.

Hähnchengeschnetzeltes mit Champignons

- 1 Hähnchenbrustfilet (ca. 150 g)
- 200 g weiße oder braune Champignons
- Salz, Pfeffer
- 1 TL Madras-Currypulver
- 1 kleine rote Paprikaschote
- 1 EL Rapsöl
- 2 EL gehacktes Basilikum

350 kcal, 8 g KH, 17 g F, 39 g E

Das Hähnchenbrustfilet in Streifen schneiden und mit den Gewürzen einreiben. Die Champignons mit einer weichen Bürste oder mit Küchenkrepp abreiben – wenn nötig die Stielchen abschneiden. Champignons je nach Größe halbieren oder vierteln. Die Paprikaschote waschen, putzen und längs in schmale Streifen schneiden. Das Öl in einer beschichteten Pfanne erhitzen und die Fleisch- und Paprikastreifen scharf anbraten. Die Champignons dazugeben, kurz durchrösten und auf kleiner Flamme zugedeckt 10 Minuten dünsten. Mit Salz und Pfeffer abschmecken, auf einem Teller anrichten und mit dem Basilikum bestreut servieren.

Tipp *Gerade bei Champignons lecker: 1-2 Esslöffel saure Sahne oder Crème fraîche runden den Geschmack weich ab.*

Hähnchengeschnetzeltes mit Zucchini

- 1 Hähnchenbrustfilet (ca. 150 g)
- Salz, Pfeffer
- 1 Zucchini (ca. 250 g)
- 3 Frühlingszwiebeln
- 1 EL Rapsöl
- 50 ml Gemüsebrühe
- Saft von ½ Zitrone

367 kcal, 8 g KH, 18 g F, 41 g E

Das Hähnchenbrustfilet in Streifen schneiden und mit Salz und Pfeffer einreiben. Die Zucchini waschen und putzen und in dünne Scheiben schneiden. Die Frühlingszwiebeln abziehen, längs halbieren und mit viel Grün in Ringe schneiden.

Das Öl in einer beschichteten Pfanne erhitzen und das Fleisch mit den Frühlingszwiebeln scharf anbraten. Die Zucchinischeiben einrühren und mit der Gemüsebrühe ablöschen. Offen 5 Minuten schmoren lassen. Mit Salz, Pfeffer und Zitronensaft säuerlich-pikant abschmecken.

Schweinegeschnetzeltes mit grünen Bohnen

- 150 g Schweinefilet oder Schweineschnitzel
- Salz, Pfeffer
- je ½ rote und grüne Paprikaschote
- nach Belieben 1 rote Chilischote
- 1 Schalotte
- 100 g grüne Bohnen
- 1 kleiner EL Sesamöl
- 1 EL Sesamsaat
- 50 ml Gemüsebrühe
- 5 Blätter Basilikum

436 kcal, 18 g KH, 22 g F, 41 g E

Das Schweinefleisch in mundgerechte Stücke schneiden, salzen und pfeffern. Die Paprikaschoten waschen, putzen und in Rauten oder Streifen schneiden. Die Chilischote (nur wenn Sie gerne sehr scharf essen) putzen, längs aufschlitzen, die Kerne herauskratzen und in Ringe schneiden. Die Schalotte abziehen und vierteln. Die Bohnen waschen, putzen und in etwa 3 cm lange Stücke schneiden.

Das Öl in einer beschichteten Pfanne erhitzen und das Fleisch mit der Sesamsaat und der Schalotte scharf anbraten. Die Paprika und Bohnen dazugeben und mit der Gemüsebrühe aufgießen. Zugedeckt 10 Minuten schmoren lassen, bis die Bohnen weich sind.

Mit Salz und Pfeffer abschmecken, das Basilikum unterheben und noch kurz ziehen lassen.

Schweinegeschnetzeltes mit Austernpilzen

- 1 Schweineschnitzel oder 3 Schweine-Minutenschnitzel (etwa 150 g)
- Salz, Pfeffer
- 50 g grüne Bohnen
- 200 g Austernpilze
- 1 EL Rapsöl
- 10 g gehackte Haselnüsse
- 1–2 EL Zitronensaft
- 1 EL Ricotta

443 kcal, 6 g KH, 28 g F, 44 g E

Das Fleisch in feine Streifen schneiden und kräftig salzen und pfeffern. Die Bohnen waschen, putzen und in ½ cm lange Röllchen schneiden. Die Austernpilze – wenn nötig – mit einer weichen Bürste putzen und in Streifen schneiden.
Das Öl in einer beschichteten Pfanne oder in einem Wok erhitzen und das Fleisch kräftig anbraten. Die Bohnen und die Haselnüsse dazugeben und unter Rühren 3–4 Minuten anbraten. Die Pilze in die Pfanne geben und braten, bis sie anfangen Wasser zu ziehen.
Mit Zitronensaft ablöschen und vom Herd nehmen. Mit Salz und Pfeffer abschmecken, auf einem Teller anrichten und den Ricotta in Tupfen daraufsetzen.

Hähnchenbrust mit Mangold in Kokossauce

- 1 Hähnchenbrustfilet (ca. 150 g)
- ½ kleine Staude Mangold (ca. 200 g)
- 1 kleiner EL Sesamöl
- 1 EL Madras-Curryplver
- 1 EL Kurkuma
- 1 EL Sesamsaat oder Leinsamen
- ½ kleine Dose Kokosmilch (80 ml)
- 50 ml Wasser
- 10 g Mandelblättchen

530 kcal, 10 g KH, 33 g F, 42 g E

Das Hähnchenbrustfilet in etwa 2 cm große Würfel schneiden. Den Mangold in Blätter teilen, waschen und abtropfen lassen.

Das Öl in einem Wok oder einer tiefen Pfanne erhitzen und das Fleisch von allen Seiten goldgelb anbraten. Die Gewürze mit der Sesamsaat oder den Leinsamen einrühren und den Mangold tropfnass darauflegen. Die Kokosmilch mit Wasser verrühren und darübergießen. Zugedeckt auf kleiner Flamme 10 Minuten dünsten, dann offen etwa 15 Minuten weiter dünsten, bis der Mangold weich ist.
In der Zwischenzeit die Mandelblättchen in einer beschichteten Pfanne ohne zusätzliches Fett goldgelb rösten.
Den Mangold mit einer Schaumkelle aus der Pfanne heben und auf einem Teller anrichten. Die Sauce mit Salz und Pfeffer abschmecken und mit dem Fleisch über das Gemüse gießen. Mit den Mandelblättchen bestreut servieren.

Rindfleisch à la Tafelspitz

- 400 ml Rinderfond (aus dem Glas)
- 1 Rinder-Hüftsteak (ca. 200 g)
- 5 Pfefferkörner
- 1 Lorbeerblatt
- 1 kleine Möhre
- ½ kleiner Kohlrabi
- 1 kleine Stange Lauch
- Salz, Pfeffer

392 kcal, 16 g KH, 10 g F, 52 g E

Den Rinderfond aufkochen, das Fleisch hineingeben und sofort die Hitze reduzieren. Die Gewürze in einer Gewürzkugel dazugeben. ½ Stunde sanft ziehen lassen.
In der Zwischenzeit die Möhre putzen, schälen und in Würfel schneiden. Den Kohlrabi schälen und ebenfalls würfeln. Die Lauchstange putzen, längs aufschlitzen und gründlich waschen. In dünne Ringe schneiden.

Das Gemüse in die Suppe geben und eine weitere halbe Stunde ziehen lassen, bis es bissfest ist. Die Gewürzkugel und das Fleisch herausnehmen und die Suppe mit Salz und Pfeffer abschmecken. Das Fleisch in Scheiben oder in Würfel schneiden und in der Suppe servieren.

Tipp

Zum Fleisch schmeckt eine würzige Meerrettichsauce gut:

- *1 EL geriebener Meerrettich (aus dem Glas)*
- *2 EL fettarmer Joghurt*
- *Salz*
- *1 EL Schnittlauch in Röllchen*

Alle Zutaten miteinander vermischen und getrennt zum »Tafelspitz« reichen.

Schweineröllchen auf Lauchgemüse

- 2 Schweineschnitzel (je etwa 100 g)
- Salz, Pfeffer
- 1 Knoblauchzehe
- 2 TL scharfer Senf
- 2 EL Frischkäse (1 % Fett i. d. Tr.)
- 1 Stange Lauch
- 1 EL Butter
- 50 ml Sahne zum Kochen (7 % Fett)
- außerdem: Zahnstocher zum Fixieren

495 kcal, 11 g KH, 26 g F, 70 g E

Die Schnitzel vorsichtig sehr flach klopfen und salzen und pfeffern. Die Knoblauchzehe abziehen und durch eine Knoblauchpresse drücken. Mit 1 TL Senf und dem Frischkäse verrühren. Die Schnitzel damit bestreichen. Den Lauch putzen und längs einschneiden (nicht durchschneiden!). Gründlich waschen und zwei große Blätter abziehen. Reichlich Salzwasser zum Kochen bringen und die Lauchblätter darin ca. 3 Minuten blanchieren. Den restlichen Lauch in Ringe schneiden.

Die Lauchblätter gut abtropfen lassen, auf der Arbeitsfläche ausbreiten, die Schnitzel darauf legen und fest zusammenrollen. Mit den Zahnstochern fixieren.

Die Butter in einem beschichteten Topf schmelzen lassen und die Lauchringe darin kurz anschwitzen. Die Sahne angießen und die Schweinefleischröllchen darauflegen. Zugedeckt bei milder Hitze 30 Minuten dämpfen.

Die Röllchen auf einen vorgewärmten Teller legen. Den restlichen Senf ins Lauchgemüse einrühren, mit Salz und Pfeffer abschmecken und neben dem Fleisch anrichten.

Pfannengerührtes Rindfleisch mit Sojasprossen

- 1 Rinder-Filetsteak (ca. 180 g)
- ½ kleiner Kohlrabi (übrig vom Tafelspitz auf Seite 132)
- 100 g Sojasprossen
- 1 kleiner EL Sesam- oder Rapsöl
- 1 EL Erdnussbutter
- Salz, Pfeffer
- 1 EL geröstete Erdnüsse
- 1 EL Schnittlauch in Röllchen

518 kcal, 14 g KH, 28 g F, 51 g E

Das Filetsteak in feine Streifen schneiden. Den halben Kohlrabi schälen und in sehr dünne Stifte schneiden. Die Sojasprossen waschen, abtropfen lassen und grob hacken.
Das Öl in einem Wok oder einer hohen beschichteten Pfanne erhitzen und das Fleisch scharf anbraten. Das vorbereitete Gemüse dazugeben und unter Rühren weitere 2–3 Minuten braten, bis es bissfest ist. Die Erdnussbutter einrühren und mit Salz und Pfeffer abschmecken. Auf einem Teller anrichten und mit den Erdnüssen und dem Schnittlauch bestreut servieren.

Tipp *Würden Sie auf die Erdnussbutter verzichten, bringt das etwa 100 kcal weniger auf den Teller. Aber: Lecker muss sein!*

Schweinefilet mit Gemüse und Konjak-Nudeln

- 200 g Schweinefilet
- Salz, Pfeffer
- 1 kleine Stange Lauch
- 2 Frühlingszwiebeln
- 3 Brokkoliröschen (ca. 100 g)
- 1 EL Rapsöl
- 50 ml Gemüsebrühe
- 100 g Konjak- oder Shirataki-Nudeln
- 1 EL scharfer Senf

501 kcal, 8 g KH, 21 g F, 51 g E

Das Schweinefilet in etwa 2 cm große Würfel schneiden und salzen und pfeffern.
Den Lauch putzen, längs aufschlitzen, gründlich waschen und in 1 cm breite Ringe schneiden. Die Frühlingszwiebeln abziehen und mit viel Grün in Ringe schneiden. Die grünen Ringe zur Dekoration beiseitestellen.
Die Brokkoliröschen – wenn nötig – halbieren und in Salzwasser 3 Minuten blanchieren. Durch ein Sieb abgießen und sofort eiskalt abschrecken (so behalten sie ihre grüne Farbe).
Das Rapsöl in einer beschichteten Pfanne erhitzen und die Filetwürfel scharf anbraten. Lauch und Frühlingszwiebeln dazugeben, kurz mitbraten und mit der Gemüsebrühe ablöschen.
Zugedeckt bei mittlerer Hitze schmoren lassen, bis das Gemüse weich ist.

In der Zwischenzeit die Konjak- oder Shirataki-Nudeln nach Packungsanleitung garen.
Den Senf mit etwas heißem Wasser anrühren und in die Pfanne geben. Mit Salz und Pfeffer abschmecken und die Brokkoliröschen und die Nudeln einrühren. Auf einem tiefen Teller anrichten und mit den grünen Zwiebelringen bestreut servieren.

Gedämpfte Hähnchenbrust mit Pak Choi

- 2 kleine Köpfe Pak Choi (ca. 200 g)
- 1 Hähnchenbrustfilet (ca. 150 g)
- Salz, Pfeffer
- ½ kleine Dose Kokosmilch
- 1 EL Erdnussbutter
- 1 EL Zitronensaft
- 10 g geröstete und gehackte Erdnüsse

433 kcal, 12 g KH, 25 g F, 42 g E

Tipp *Wenn Sie Pak Choi nicht so sehr mögen: Das Gericht schmeckt auch mit Mangold und ist ebenso schnell zubereitet. Dafür nehmen Sie ca. 200 g Mangold und falten die Blätter so zusammen, dass die harten Stiele unten im Topf liegen.*

Den Pack Choi waschen und längs halbieren. Das Hähnchenbrustfilet salzen und pfeffern.
In einem kleinen Topf ½ cm Wasser erhitzen und das Gemüse hineinlegen. Das Fleisch obenauf geben und zugedeckt bei schwacher Hitze 10 Minuten garen.
Dann das Fleisch herausnehmen und in 2 cm breite Scheiben schneiden. Den Pak Choi auf einem vorgewärmten Teller anrichten, die Hähnchenbrustscheiben darauflegen und zum Warmhalten mit Alufolie abdecken.
Die Kokosmilch in den Topf gießen, mit Erdnussbutter und Zitronensaft würzen und kurz einkochen lassen. Mit Salz und Pfeffer abschmecken.
Die Sauce über das Gericht geben und mit den gehackten Erdnüssen bestreut servieren.

Fisch

Rotbarsch mit Paprika und Bambussprossen

- 1 Stück Rotbarschfilet (ca. 180 g)
- Salz, Pfeffer
- ½ rote oder gelbe Paprikaschote
- 1 kleine Zucchini (oder 100 g von einer größeren Frucht)
- 1 kleine Dose Bambussprossen (170 g Abtropfgewicht)
- 1 EL Sesam- oder Rapsöl
- 2 EL Thai-Chilisauce (Fertigprodukt) oder die mildere Mangosauce (Rezept Seite 58)
- 1 EL gehackte Petersilie

478 kcal, 20 g KH, 22 g F, 43 g E

Das Rotbarschfilet trockentupfen, in breite Streifen schneiden und salzen und pfeffern. Die Paprikaschote waschen, putzen und in Rauten schneiden. Die Zucchini waschen, putzen, längs vierteln und in Stücke schneiden. Die Bambussprossen aus der Dose in ein Sieb geben und abtropfen lassen.

Das Öl in einem Wok oder einer hohen Pfanne erhitzen und den Fisch von allen Seiten anbraten. Herausnehmen und beiseitestellen. Die Paprika- und Zucchinistücke in die Pfanne geben und unter Rühren braten, bis sie etwas Farbe angenommen haben. Die Bambussprossen unterrühren, mit 50 ml Wasser aufgießen und 5 Minuten dünsten.

Die Chilisauce einrühren, mit Salz und Pfeffer abschmecken, den Fisch wieder in die Pfanne geben und das Ganze noch 1 Minute durchziehen lassen.

Auf einem Teller anrichten und mit der Petersilie bestreut servieren.

Info

Das Fertigprodukt hat es in sich: 9 g KH haben die beiden Esslöffel. Kein Wunder, steht doch auf der Zutatenliste Zucker an zweiter Stelle. Vorsicht: Die Thai-Chilisauce ist sehr scharf!

Gebratener Lachs mit Shirataki-Nudeln

- 75 g Lachsfilet ohne Haut
- ½ rote Zwiebel
- 100 g weiße oder braune Champignons
- 4 Cherry-Tomaten
- 50 g Sojasprossen
- 1 EL Sesamöl
- Salz, Pfeffer
- 80 g Shirataki-Nudeln
- 1 EL Schnittlauch in Röllchen

343 kcal, 11 g KH, 23 g F, 27 g E

Das Lachsfilet in Würfel schneiden. Die Zwiebel abziehen und in feine Ringe schneiden. Die Champignons mit einer weichen Bürste oder mit Küchenkrepp säubern, eventuell die braunen Stielchen entfernen und vierteln. Die Tomaten waschen und in Scheiben schneiden. Die Sojasprossen in ein Sieb geben, abbrausen und gut abtropfen lassen.

Das Öl in einer hohen Pfanne (oder in einem Wok) erhitzen und den Lachs mit den Zwiebelringen anbraten. Die Champignons dazugeben und unter Rühren etwa 1 Minute braten. Die Sojasprossen und Tomaten einrühren und mit Salz und Pfeffer abschmecken. Zugedeckt beiseite stellen.

Die Shirataki-Nudeln nach Packungsanleitung garen (meist genügt 1 Minute in kochendem Wasser), gut abtropfen lassen und gut mit den übrigen Zutaten vermischen. Mit dem Schnittlauch bestreut servieren.

Info

Shirataki-Nudeln sind sozusagen der letzte Schrei in der Low-Carb-Ernährung. Es gibt sie als dünne und dickere Spaghetti, auch als Lasagneplatten und reisartig. Je nach Hersteller werden sie gekocht oder nur mit heißem Wasser übergossen. Sie bekommen sie im Asialaden, in Reformhäusern und in manchen Supermärkten, die eine Abteilung für asiatische Lebensmittel haben.

Kabeljau mit Sesam auf Salat

- 150 g grüner Mischsalat (im Gemüseregal im Supermarkt)
- ½ gelbe Paprikaschote
- 3 Rispentomaten
- 1 Stück Kabeljaufilet (ca. 180 g)
- Salz, Pfeffer
- etwas Mehl zum Wenden
- 1 Ei
- 2 EL Sesamsaat
- 1 EL Olivenöl
- 2–3 EL weißer Balsamessig

456 kcal, 5 g KH, 29 g F, 40 g E

Den Salat waschen und gut trockenschleudern. Die halbe Paprikaschote putzen und in kleine Würfel schneiden. Die Rispentomaten halbieren. Salat und Paprika auf einem Teller anrichten. Das Fischfilet trockentupfen und salzen und pfeffern. Mehl auf einem Teller (oder Pergamentpapier) ausbreiten, das Ei in einem tiefen Teller verschlagen und die Sesamsaat ebenfalls auf einen Teller oder auf Pergamentpapier geben. Den Fisch zuerst in Mehl, dann im Ei und zuletzt in der Sesamsaat wenden.

Das Olivenöl in einer beschichteten Pfanne erhitzen und den Fisch von jeder Seite je nach Dicke 3–4 Minuten knusprig anbraten. Auf den Salat geben.
Die Tomaten im Bratfett schmelzen, mit Essig ablöschen und über den Salat geben.

Lachstatar mit Avocado

- 1 Schalotte
- 75 g Räucherlachs
- Salz, Pfeffer
- 1 TL Zitronensaft
- 1 kleine reife Avocado (150 g Fruchtfleisch)
- 1 EL frisch gehackter Dill
- 1 EL weißer Balsamessig
- Pfeffer aus der Mühle
- 50 ml fettarmer Joghurt
- 1 EL eingelegte Kapern nach Belieben

442 kcal, 14 g KH, 35 g F, 20 g KH

Die Schalotte abziehen und sehr fein hacken. Den Räucherlachs in sehr kleine Würfel schneiden und mit der gehackten Schalotte, Salz, Pfeffer, Zitronensaft und 1 EL Dill vermischen. Zugedeckt mindestens 15 Minuten ziehen lassen. Die Avocado halbieren, den Kern entfernen und das Fruchtfleisch vorsichtig mit einem Esslöffel aus der Schale heben. Längs in feine Streifen schneiden. Einen Teller mit den Avocadostreifen auslegen, den Essig darüberträufeln und mit Pfeffer übermahlen.

Eine runde Ausstechform in die Mitte setzen, das Tatar hineinfüllen, leicht andrücken und die Form behutsam nach oben wegziehen.

Den Joghurt mit Salz und dem restlichen Dill verrühren und rund um das Tatar verteilen. Nach Belieben mit den eingelegten Kapern bestreuen.

Gedämpfter Kabeljau mit Spinat und geschmolzenen Tomaten

- 400 g frischer Blattspinat (oder 250 g TK-Spinat)
- 1 große Fleischtomate (ca. 250 g)
- 1 EL Butter
- 1 EL fein gehackte Petersilie
- Salz, Pfeffer
- 1 Scheibe Zitrone
- 1 Stück Kabeljaufilet (ca. 200 g)
- Pfeffer aus der Mühle

332 kcal, 9 g KH, 11 g F, 48 g E

Den Blattspinat waschen, verlesen und abtropfen lassen. Tropfnass in einen Topf geben und zugedeckt bei milder Hitze dämpfen, bis er zusammengefallen ist. Zugedeckt beiseitestellen.

Die Tomate heiß überbrühen, häuten, halbieren, den Stielansatz herausschneiden und die Kerne entfernen. Das Fruchtfleisch würfeln.

Die Butter in einer kleinen beschichteten Pfanne schmelzen und die Tomatenwürfel darin bei milder Hitze 2 Minuten dünsten – die Würfel sollen noch erkennbar sein. Die Petersilie unterrühren und mit Salz und Pfeffer würzen.

Salzwasser mit der Zitronenscheibe aufkochen lassen, die Hitze reduzieren und das Fischfilet 4–5 Minuten gar ziehen lassen, bis sich weiße Eiweißflöckchen zeigen.

Mit einer Schaumkelle herausnehmen, auf einem vorgewärmten Teller anrichten, die Tomaten auf das Filet geben und den Spinat daneben anrichten. Mit Pfeffer aus der Mühle bestreut servieren.

Zander mit Dillgurken

- 1 Stück Zanderfilet (ca. 180 g), ersatzweise Viktoriabarsch
- 1 EL Zitronensaft
- 1 Feld- oder Gartengurke (ca. 250 g), ersatzweise ½ Salatgurke
- Salz, Pfeffer
- 1 EL Rapsöl
- 1 EL Butter
- 2 EL gehackter Dill
- 1 EL Schnittlauch in Röllchen nach Belieben

332 kcal, 5 g KH, 19 g F, 32 g E

Das Zanderfilet mit Zitronensaft beträufeln und zugedeckt ziehen lassen.

Die Gurke heiß waschen, abtrocknen und schräg mit der Schale in Scheiben schneiden.

Das Fischfilet trockentupfen und salzen und pfeffern. Das Öl in einer beschichteten Pfanne erhitzen und das Fischfilet von jeder Seite sanft 3 Minuten anbraten. Herausnehmen und in Alufolie gewickelt beiseitestellen.

Die Butter in die Pfanne zum Bratfett geben und die Gurken 3 Minuten schmoren, bis sie Farbe angenommen haben. Mit 50 ml Wasser ablöschen und weitere 2 Minuten dünsten. Mit Salz und Pfeffer abschmecken und auf einem Teller anrichten. Den Zander darauflegen, mit der Sauce umgießen und nach Belieben mit Schnittlauch bestreut servieren.

Viktoriabarsch auf Curry-Fenchel

- 1 Stück Viktoriabarschfilet (ca. 180 g)
- 1 EL Zitronensaft
- 1 kleine Fenchelknolle
- 1 Schalotte
- Salz, Pfeffer
- 1 EL Olivenöl
- 1 TL Madras-Currypulver
- 1 TL Kurkuma
- 75 ml Gemüsebrühe (Instant)
- 2 EL saure Sahne oder Schmand

393 kcal, 13 g KH, 22 g F, 43 g E

Das Fischfilet mit dem Zitronensaft beträufeln und zugedeckt ziehen lassen. In der Zwischenzeit den Fenchel putzen (eventuell die äußeren Blätter dünn abschälen) und in sehr feine Scheiben schneiden. Das Fenchelgrün fein hacken und aufheben. Die Schalotte abziehen und fein würfeln.

Das Fischfilet trockentupfen und mit Salz und Pfeffer würzen.

Das Öl in einer beschichteten Pfanne erhitzen und den Fisch bei milder Hitze von beiden Seiten goldgelb anbraten. Herausnehmen und in Alufolie gewickelt beiseitestellen.

Die Schalottenwürfel im Bratfett anbraten. Die Fenchelscheiben dazugeben und unter Rühren andünsten. Die Gewürze einrühren und die Gemüsebrühe angießen. Bei schwacher Hitze ca. 10 Minuten dünsten, bis der Fenchel bissfest ist.

Die saure Sahne einrühren und mit Salz und Pfeffer abschmecken. Den Fisch wieder dazugeben und das Ganze zugedeckt noch 2–3 Minuten ziehen lassen.

Das Gemüse auf einem Teller anrichten, den Zander obenauf legen und mit dem Fenchelgrün bestreut servieren.

Süßes

Süßspeisen sollten eigentlich tabu für Sie sein. Zucker als Zutat sowieso, aber auch Obst enthält jede Menge Fruchtzucker, der dann wieder als Zucker im Blut und als Fett auf den Hüften landet.

Im Frühstückskapitel haben wir bereits den Zuckerersatzstoff Erythritol erwähnt, der für die Cremes in den folgenden Rezepten zum Einsatz kommen kann.

Bevorzugt sollten Sie zu Obstsorten greifen, die nicht allzu sehr mit Zucker »belastet« sind. Empfehlenswert sind vor allem Beeren, denn sie stecken voller gesunder Inhaltsstoffe und enthalten pro 100 g nur um die 5 g Kohlenhydrate. Auch Feigen, Rhabarber und Papaya können Sie in Maßen essen.

Die Rezepte sind – anders als in den vorangegangenen Kapiteln – für zwei Personen berechnet. Nehmen Sie das auch als dezenten Hinweis dafür, den Genuss von Süßspeisen zu einem Festessen mit Gästen zu machen. Die Rezepte können beliebig für vier und mehr Personen multipliziert werden.

Unter dem Rezeptnamen finden Sie Angaben zu den enthaltenen Kilokalorien (kcal), Kohlenhydraten (KH), Fett (F) und Eiweiß (E).

Feigen mit Ziegenkäse

- 2 reife Feigen
- 2 EL Ziegenfrischkäse
- Salz
- 1 TL Honig
- 10 g gehackte Haselnüsse

273 kcal, 29 g KH, 15 g F, 5 g E

Info *Die klassische Kombination Honig und Ziegenkäse schmeckt einfach herrlich! Doch wenn Sie den Honig weglassen, hat der Nachtisch nur noch 211 kcal und 14 g KH. Keine einfache Entscheidung ...*

Die Feigen behutsam waschen, trockentupfen und kreuzweise einschneiden.
Den Ziegenfrischkäse mit einer Prise Salz verrühren und in die Feigen geben. Sparsam mit Honig beträufeln und mit den gehackten Haselnüssen bestreut servieren.

Joghurtflan mit Beeren

- 2 Blatt weiße Gelatine
- 200 g fettarmer Joghurt
- 1 TL Zitronensaft
- 1 Stück Ingwer (haselnussgroß)
- 1 EL Puderzucker
- ½ Vanilleschote
- 50 g Beeren nach Belieben
- Minzeblättchen zur Dekoration

Pro Portion: 96 kcal, 14 g KH, 3 g F, 6 g E

Die Gelatine 10 Minuten in kaltem Wasser einweichen.
In der Zwischenzeit den Joghurt mit Zitronensaft, fein geriebenem Ingwer, Puderzucker und dem herausgekratzten Mark der halben Vanilleschote glattrühren.
Die Gelatine tropfnass bei milder Hitze in einem kleinen Topf auflösen, 2 EL Joghurtcreme unterrühren.
Diese Mischung in den übrigen Joghurt geben. Die Masse in kalt ausgespülte Förmchen gießen und mindestens 2 Stunden im Kühlschrank steif werden lassen.
Stürzen oder in den Förmchen lassen und mit den Beeren und Minzeblättchen bestreut servieren.

Info *Wir haben von diesem und den weiteren Creme-Rezepten immer gleich 2 Portionen zubereitet - denn für nur 1 Förmchen lohnt der Aufwand doch nicht. Mit Frischhaltefolie abgedeckt hält die zweite Portion einige Tage im Kühlschrank.*

Info *Zucker ist eigentlich ein No-Go. Es gibt aber einen Ersatzstoff: Erythritol. Das ist eine kalorien- und kohlenhydratfreie Alternative, die aus Weizen- oder Maisstärke hergestellt wird. Das Pulver sieht wie Zucker aus und wird auch in derselben Menge verwendet. Erythritol wird unter verschiedenen Markennamen in Reformhäusern und Bioläden verkauft.*

Erdbeercreme mit Pistazien

- 3 Blatt weiße oder rote Gelatine
- 200 g frische Erdbeeren
- 150 ml fettarmer Joghurt
- 50 g Frischkäse (1 % Fett)
- 2 EL Zucker oder Zuckerersatz
- 1 EL gehackte Pistazienkerne
- 2 EL geschlagene Sahne nach Belieben

Pro Portion: 137 kcal, 11 g KH, 5 g F, 10 g E

Die Gelatine in kaltem Wasser einweichen. Die Erdbeeren waschen und die Stiele entfernen. Joghurt, Frischkäse und Zucker glattrühren.
Die Hälfte der Erdbeeren pürieren und wiederum die Hälfte davon in die Joghurtcreme einrühren.
1 Blatt Gelatine tropfnass bei milder Hitze in einem kleinen Topf auflösen, 1 EL pürierte Erdbeeren einrühren und dann mit dem restlichen Erdbeerpüree verrühren. Auf zwei Förmchen verteilen und im Gefrierfach 15 Minuten gelieren lassen.
Die beiden anderen Gelatineblätter bei milder Hitze auflösen, 1 EL der Erdbeer-Joghurt-Creme einrühren und dann mit der übrigen Creme vermischen. In die Schälchen mit dem »Erdbeerspiegel« gießen und 1 Stunde kalt stellen.
Stürzen, auf 2 Tellern anrichten, die übrigen Erdbeeren darauf und rundherum legen und mit den Pistazien bestreut servieren. Nach Wunsch können Sie 1 EL geschlagene Sahne obenauf setzen.

Tipp

Rühren Sie immer zuerst 1-2 Esslöffel der zu gelierenden Masse in die aufgelöste Gelatine. Wenn Sie die Gelatine gleich in die kalte Masse geben, könnte sie leicht Klumpen bilden.

Info

Die Kalorien- und Kohlenhydratwerte sind ohne Zucker und Sahne berechnet.

Knusperkekse

- 100 g Butter
- 85 g Haferflocken
- 150 g Zucker oder Zuckerersatz
- 1 Prise Salz
- 2 EL Mehl
- 1 Ei
- 1 Vanilleschote
- außerdem: Backpapier

Für 32 Stück / Pro Stück: 56 kcal, 7 g KH, 3 g F, 1 g E
(mit Zuckerersatz: 37 kcal, 2 g KH, 3 g F, 1 g E)

Den Backofen auf 200° C vorheizen. In einem Topf die Butter bei milder Hitze schmelzen. Die Haferflocken dazugeben und unter Rühren goldgelb bräunen.
Die Haferflocken in eine Schüssel geben und mit dem Handrührgerät den Zucker, das Salz, Mehl, das Ei und das Mark der Vanilleschote unterrühren.
Ein Backblech mit Backpapier auslegen und im Abstand von etwa 5 cm je 1 TL Teig daraufsetzen.
Die Kekse im vorgeheizten Backofen 5 Minuten backen. Vollständig auskühlen lassen und gleich zum Aufheben in eine gut schließende Dose legen. Andernfalls würden sie sehr schnell weich.

Info *Haferflocken enthalten viel hochwertiges Eiweiß und ungesättigte Fettsäuren, die den Stoffwechsel »schmieren«. Weiteres Plus: Haferflocken machen schnell und anhaltend satt und fördern die Verdauung.*

Buttermilchmousse mit Rhabarberkompott

Für die Mousse:

- 2 Blatt weiße Gelatine
- 200 ml Buttermilch
- 30 ml Sahne
- 1 EL Zitronensaft
- 2 EL Zucker oder Zuckerersatz
- ½ Vanilleschote

Für das Rhabarberkompott:

- 1 Stängel Rhabarber (100 g geputzt gewogen)
- 1 EL Zucker oder Zuckerersatz
- 2 Gewürznelken nach Belieben

Pro Portion: 158 kcal, 22 g KH, 5 g F, 6 g E
(mit Zuckerersatz: 97 kcal, 7 g KH, 5 g F, 6 g E)

Die Gelatine in kaltem Wasser einweichen. Die Buttermilch mit Sahne, Zitronensaft, Zucker und dem Mark der halben Vanilleschote verrühren. Die Gelatine tropfnass bei milder Hitze auflösen, mit 2 EL von der Buttermilchmasse verrühren und gleich mit der übrigen Buttermilch vermischen. In 2 Schalen füllen und mindestens 1 Stunde im Kühlschrank kalt stellen.
Den Stängel Rhabarber putzen und würfeln. In einen kleinen Topf geben, ein wenig Wasser (etwa 50 ml), Zucker und Gewürznelken dazugeben, einmal aufkochen und dann abkühlen lassen. Vor dem Servieren die Gewürznelken herausnehmen und das Kompott auf die Buttermilchmousse geben.

Tropische Fruchtcreme mit Buttermilcheis

Für das Buttermilcheis:

- 200 ml Buttermilch
- ½ Vanilleschote
- 2 EL Apfel- oder Birnendicksaft
- 1 Eiweiß
- Salz

Für die Fruchtcreme:

- 1 mittelgroße Papaya (ca. 500 g)
- 2 Scheiben Ananas
- 2 Spalten Mango

Pro Portion: 176 kcal, 27 g KH, 1 g F, 7 g E

Die Buttermilch mit der Vanille und dem Apfel- oder Birnendicksaft glattrühren. Das Eiweiß mit einer Prise Salz steif schlagen und den Eischnee unter die Buttermilchcreme heben.
Die Eimasse in eine gefrierbeständige Schüssel füllen und zugedeckt im Tiefkühlfach 2–3 Stunden gefrieren lassen. Zwischendurch einige Male mit einem Kochlöffel kräftig durchrühren, damit sich keine Eiskristalle bilden.
Die Papaya halbieren, die Kerne herauskratzen, das Fruchtfleisch aus der Schale lösen und würfeln. (Bei einer Papaya von 500 g bleiben etwa 200 g Fruchtfleisch übrig.) Ananas und Mango ebenfalls würfeln. Die Früchte vermischen und 4 EL Fruchtwürfel beiseitestellen. Die restlichen Früchte mit dem Pürierstab pürieren, in 2 hohe Gläser füllen und kalt stellen.
Zum Servieren das Buttermilcheis kurz bei Zimmertemperatur stehen lassen, dann mit einem Pürierstab durchmixen, damit es geschmeidig wird. Mit einem Esslöffel Kugeln abstechen und in die Fruchtcreme geben. Mit den Fruchtwürfeln bestreut servieren.

Zutatenregister

R

S

T

V

W

Z